JN126054

聖なる森の伝説

柳田国男の移住開拓史

新部正樹
Nibe Masaki

郁朋社

はじめに

柳田国男は、古代の日本人を山の生活民であったと指摘している。山の生活民は、海の彼方から来た移住開拓民で、日本の稲作は、この移住開拓民が山間の谷あいに水田を拓いたことが起源であると考えていたのである。そして、この移住開拓民の目的は、祖神《そしん》への神饌《しんせん》を確保するために、稲作を行って米を確保することであったと、柳田国男は述べている。

一方、柳田国男は、日本各地の聖なる森に祀られている謎の神を追うなかで、それが日本に来訪した移住開拓民が、移住先の土地の神である「山の神」を祀ったことが原型であることをつきとめていく。山地の開拓の許可を求め、稲作の加護を、山の神に祈ったのがその発端であったとする。

そこで、移住開拓民の祖神と山の神の信仰を明らかにし、日本人の神の源流を求めようとした柳田国男の軌跡を辿ることから、本書をはじめることにする。

聖なる森の伝説──柳田国男の移住開拓史──／目次

装丁／宮田麻希

第1章
聖なる森の起源

1　移住と開拓

柳田国男は、日本の歴史を移住と開拓の歴史としてとらえなおそうとしていた。そして、柳田国男の考えていた日本人の原像というものは、この移住開拓民なのである。

柳田国男が想定した移住開拓民は、海の彼方から移住してきた山の民であり、稲作の技術を携えていた稲作農耕民であり、かつ、米を神饌として重要視していた民であった。そして、稲作に適した土地を求めて移住をつづけていたという。

このことについて、柳田国男は、『日本の祭』のなかで、「日本の二千六百年は、殆と一続きの移住拓殖の歴史だったと言ってもよい。……隅々の空野に同胞を分かち送って、新たなる村を創立せしめる努力があった」[1]と述べている。

また、「史料としての伝説」のなかでは、「我邦には歴史に見落された国内移住が、可なり系統的に行はれて居た」[2]と述べ、開拓のための移住が長期間にわたって繰りかえされたことを指摘している。

1　柳田国男『日本の祭』『定本柳田国男集⑽』２０４頁（筑摩書房、昭和37年）
2　柳田国男「史料としての伝説」『定本柳田国男集⑷』１９２頁（筑摩書房、昭和38年）

この移住と開拓は、国内だけに限定されるものではなく、国内での移住と開拓は、日本列島の外からの移住によって始まったとする。

このことについて、柳田国男は、『日本の伝説』のなかで、「日本人は永い年月の間に、だんだんと遠い国から移住して来た民族です。」[3]と述べ、『雪国の春』でも「我々は……海から入って来た移住者の末であり……」[4]と述べている。

そして、柳田国男は、神饌である米を確保するために、稲作の適地を求めて、移住と開拓が行われていたと考えていた。

「山民の生活」のなかでは、このことについて、つぎのように述べている。

「我々の祖先の植民力は非常に強盛でありましたがそれにも明白に一つの制限がありました。如何なる山腹にも住む気はある。食物としては、粟でも稗でも食ふが、唯神を祭るには是非とも米が無くてはならぬ。」[5]

また、「田社考大要」では、このような移住開拓を「信仰的開墾」及び「宗教的移民」と呼んでいる[6]。

このように、柳田国男は、移住開拓民が神饌としての米をつくるための水田の適地を求めて移動していて、それが移住開拓の原動力であったと考えているのであるが、それは日本の外から移住してくる原動力だけでなく、国内での移住と開拓の原動力にもなっていたと考えているのである。

2　移住開拓民の信仰

移住開拓民が水田の適地を求めて移住してきた当時の日本は、森林で覆われていたことが予想される。移住開拓民が日本に来訪して、開拓を始めた状況について、柳田国男は「塚と森の話」のなかで、つぎのように述べている。

「我々の祖先が初めて村に住み着いた時には、広漠たる草原であったに違ひはない。北海道や樺太の寒林よりも一層草木が繁茂して、水は自由に流れて道を妨げ、山坂は一つ一つの城壁の如く、新土着者を脅かしたに違いない。此間に入り込んで、先づ一部の草莽を拓き、巨樹を伐り倒し、棘を焼き払い、寂寞として之に住んだ」[7]

この移住開拓民の神の信仰について、柳田国男は、同じ「塚と森の話」のなかで、つぎのように述べている。

3　柳田国男『日本の伝説』『定本柳田国男集(26)』221頁（筑摩書房、昭和39年）
4　柳田国男『雪国の春』『定本柳田国男集(2)』52頁（筑摩書房、昭和43年）
5　柳田国男「山民の生活」『定本柳田国男集(4)』500頁（筑摩書房、昭和38年）
6　柳田国男「田社考大要」『定本柳田国男集(11)』532頁（筑摩書房、昭和38年）
7　柳田国男「塚と森の話」『定本柳田国男集(12)』441―442頁（筑摩書房、昭和38年）

「併し彼等には強い信仰があった。冥々の中に、祖先は自ら神となって、家の末裔を守るのみならず、一部落一民衆としての尊き神が更に其上に大威力を以て保護して居る為に、害敵は界に立入らず、疫癘の人を悩ますこともないと信頼して其代りには、夏秋二季の収穫毎に、質素にして敬虔なる祭礼を怠らなかったのである。」[8]

移住開拓民がどのような神を奉じて移住してきたかは明らかではなく、資料的にもそれを確認するてだてがないが、柳田国男は、前述のように、「祖先の神」と「一部落一民衆としての尊き神」とによって、移住開拓民は加護されているという信仰をもっていたと考えたのである。ここで述べている「家の祖先の神」とは、血縁上のつながりのある「各家の祖霊」のことであろう。「一部落一民衆としての尊き神」とは「部族の祖神」のことを指していると思われる。「祖神」とは、血縁上のつながりのある祖先ではなく、当該集団の伝承上の祖先のことをさすものと考えられる。ただし、ここに祖霊が登場するのは時代的に早すぎる[9]。家の形成がなされるのは中世に入ってからで、祖霊信仰はそれを土台として生まれるからである。のちに柳田国男は日本人の神信仰の原点を祖霊信仰に置くようになることから、その祖霊信仰をここに前倒しして持ち込んだものと考えられる。

しかし、開拓の過程で新しい神が登場する。これまでの部族の祖神の信仰を捨てることは考えがたいので、部族の祖神の信仰に加えて、新しい神の信仰が始まったと思われる。

移住開拓民は、森林などの頑強な自然に覆われた土地を拓《ひら》くことの困難に直面するなかで、おそらく、開拓地を含む地域一帯を占有している神に対して、土地の割譲の許可を求めたのである。

このことについて、柳田国男は、「塚と森の話」のなかで、つぎのように述べている。

「経済上の意味に於ては、我々の神ながらの大御門が、普天率土統轄して居られるといふ国民の信念も之に胚胎して居る。殊に日本は始めて我々の祖先が此国に入り込んだ時に、既に強力なる先住民があった。古い語では之を地祇又は国津神と称して居る。王城に接して居る五畿の地は偖て置き、辺土の山野に至っては、事実上土地の譲与を求めなければならなかった。此の二種の思想が結合して、土地の神は日本に於ては支那などよりも一層深く農業に対して大なる勢力をもつものと認められて居る。」[10]

この文章の要旨は、天津神《あまつかみ》の天皇（「我々の神ながらの大御門」）が天の限り地の限り全世界（「普天率土」）を支配するので、移住開拓民は、先住民である国津神《くにつかみ》（先住民が祀る国津神）にその土地の譲渡を求めたということである。しかし、柳田国男の文章には、つぎのとおり、もう一歩踏み込んだ表現をしているものがある。柳田国男は、『山の人生』の「山人考」なかで、村落に住む者が山の神を祀りはじめた動機について、つぎのように述べている。

8　柳田・前掲注（7）442頁
9　原田敏明は『村の祭祀』（中央公論社、昭和50年）のなかで、人間を神として祀ることは古くから行われていたわけではなく、家や個人についての考えが強くなってから祖先崇拝が始ったとする。松前健も『講座日本の古代信仰2　神々の誕生』（学生社、昭和54年）の「序説」で、古代日本人は死霊を神として祀ることはなかったとしている。白石昭臣は『日本人と祖霊信仰』（雄山閣、昭和52年）で、祖霊の観念の発生を6世紀中ごろとしている。
10　柳田・前掲注（7）460—461頁

「村に住む者が山神を祀り始めた動機は、近世には鉱山の繁栄を願ふもの、或は又狩猟の為といふものもありますが、大多数は採樵と開墾の障碍無きを禱るもので、即ち山の神に木を乞ふ祭、地を乞ふ祭を行ふのが、此等の社の最初の目的でありました。」[11]

この文章は、移住開拓民の開拓の場合も同様の経過で、土地の神である山の神に対して、土地の開拓の許可と加護を求め、山の神を祀りはじめたということを意味する。移住開拓民は、山地に入って、山間の谷あいのところで水田を拓き、その水田を見下ろす山のところに山の神がやどっていると考え、そこに山の神を祀ったのである。つまり、移住開拓民は、祖神とともに、山の神という国津神を祀ったのである。このことは実は深刻な問題をはらんでいるのである。

3　聖なる森の発見

柳田国男は、若いころから、水田のなかや村落の周囲の山に、真黒に繁った森があり、小社や小祠もないところもあって、ただそこが神の占有する聖域として、そこに生えている樹木を伐採することや立ち入ることが禁止されていることに注目していた[12]。本論考では、これらの森を「聖なる森」と呼ぶことにする。

これと関連して、柳田国男は、各村落に必ず一社はある氏神鎮守神のほかに、何の神か由来がわからない多種多様な神が村落のなかの小社や小祠に祀られていることや、塚や樹木や岩石などがこれも由来がわからない多種多様な神の依代《よりしろ》として祀られていることに関心をもっていた[13]。

柳田国男が注目した聖なる森は、ごく普通の農村に存在しているもので、柳田国男がその著作でとりあげたのは、東北地方のハヤマ、諏訪のミシャグジ神の森、対馬の天道茂《てんどうしげ》、壱岐の矢保佐《やぼさ》、若狭大島のニソの杜、中国地方の荒神森、奄美大島のオガミヤマやオボツヤマ、沖縄の御嶽《うたき》などであった。

そして、柳田国男は、村のなかの小社や小祠、塚や樹木や岩石に祀られている多種多様な神の本源が、土地を占有する神であり、さらにその源流が聖なる森の山の神に辿り着くことを発見していくのである。

柳田国男は、聖なる森とそこにやどる神への信仰について、「塚と森の話」のなかで、「我々が神として齋くものは、根源の思想に遡っていへば、御神体でもなければ、社殿では勿論なく、其土地自身、其土地の上に繁茂する森夫自身である。」[14]と述べ、聖なる森の神の信仰の基礎には、聖なる森自体を神として祀るという考え方があると指摘している。これは、土地や森に神がやどることから、「土地自身」「森自身」が神となるという考え方である。

聖なる森とそこにやどる神への信仰について、民俗学では、「森神信仰」とか「森山信仰」と呼ん

11　柳田国男『山の人生』『定本柳田国男集(4)』179頁（筑摩書房、昭和38年）
12　柳田・前掲注（7）461頁
13　柳田国男『石神問答』『定本柳田国男集(12)』4頁（筑摩書房、昭和38年）
14　柳田・前掲注（7）465頁

でいる。

例えば、大塚民俗学会編『日本民俗事典』の「森神」の説明は、直江廣治が執筆しているが、直江廣治によれば、森神とは「神聖視されている一区画の森において祀る神」で、聖なる樹木を依代として、天空から降臨する神であるという。そして、森に迎え祀られる神は、「地主さん」とか「荒神さん」など多彩であると説明されている[15]。この説明では、森神は森にもとからやどっているものというよりは、森のなかの樹木に天空から降臨してよりついたものである。

直江廣治は、さらにこの森神の聖なる森を、祖霊の祭地と結びつけていて、その事例として、つぎのものを例挙している[16]。

鳥取県西石見地方の森神
薩南のモイドン
福井県大飯郡大飯町の「ニソの杜」
京都府葛野郡小野郷村（現京都市）の大森のカブ（同族）で祖神を祀る森
奈良県吉野郡西吉野村黒淵における旧家の先祖を祀った森
山口県阿武郡福栄村平蕨《ひらわらび》のモリ様
山口県豊浦郡豊浦町厚母《あつも》のモリさん

直江廣治が森神の聖なる森を祖霊の祭地とするのは、森神を祖霊とするものであり、これは後述する柳田国男の祖霊による諸神の統一化の考えを忠実に踏襲していると思われる。ただし、聖なる森を祖霊の祭地とするのは、聖なる森の形成とともに始まったものではなく、後から生まれたものと、わたしは考えている。移住開拓民は、集落からほど遠くない山に神の住む場所を想定して、そして、人が死ぬと、その死体はその神のいるところの近くに葬って、鎮魂と浄化あるいは再生を願っていたと推測される。生きている人びとの世界からそう遠くないところに死者の世界はえがかれていたのである。そして、やがて家々が確立するにともなって、死者は祖霊へと発展して、子孫の住む集落を守り、時を定めて訪れてくるものと考えられるようになっていったと考えられるのである。

このような「森神信仰」に対して、「森山信仰」というものは、森山自体を祀るというアニミズムの色彩が強い。下野敏見の「東アジアの森山の神と岳の神」によれば、「森山信仰」には森山に精霊が住んでいるとの考えが基礎にあり、それから一歩進んで、森山に特定の神を祀るようになったという[17]。

聖なる森の神について、直江廣治は、そこにもとからいたのではなく、天空のような他のところから森に降臨したものととらえているが、下野敏見は、聖なる森の神は他のところから森に降臨したものではなく、そこにもとからやどっているものととらえている。

15 直江廣治「森神」大塚民俗学会編『日本民俗事典』742頁（弘文堂、昭和47年）
16 直江・前掲注（15）742頁
17 下野敏見「東アジアの森山の神と岳の神」『田の神と森山の神』238頁（岩田書院、平成16年）

この相違は何に由来するものなのだろうか。聖なる森にやどる神というものは、常在の神であり、移住開拓のはるか前からそこにあるものとして、その出生については何等の説明も物語もともなっていないものが多い。これに対して、天空から山や森に降臨した神は、移住開拓民の後に現われた神で、その原型は、移住開拓民が移住開拓する前から信仰する祖神であり、移住開拓民とともに来訪して、その土地に祀られたという経緯を辿ったものと思われる。このため、その土地に常在することもあるが、常在せずに時を定めて来訪するというものが多いのであろう。そして、来訪した祖神が天降るのは、祖神がその土地に土着するためなので、山や森に古来から常在する神と、天空から降臨した神とが習合して、聖なる森にやどる神になる場合も多いと推測される。

ところで、聖なる森の神の信仰には、聖なる森に神がやどるとして、聖なる森そのものを聖地とする信仰と、聖なる森のなかの特定の樹木に神がやどるとして、それを神木とする信仰とがある。わたしは、聖なる森の神の霊力を集中させたものが神木であり、神木は聖なる森の断片だと考える。それが依代の原型となったと考えているが、それは当初、依代のように神がよりつくものではなく、神の霊力が集中するもので、山の神が聖なる森から移動するときに、それが山の神がよりつく依代へと発展すると考えている。これに対して、塚や壇は、樹木や岩石と異なり、聖なる森の象徴的な再現であり、そのことにより、山の神がその場によりつくのである。塚や壇と、樹木や岩石は、山の神がよりつくものであるから、広義の意味ではともに依代であるが、塚や壇は山の神がよりつく場であり、樹木や岩石はよりつく物であるという相違がある。

4　山の稲作民

聖なる森の起源に関して、柳田国男は「塚と森の話」のなかで、つぎのとおり、開拓にあたって、土地の神から土地の割譲を受けたことに遡ると述べている。

「新田開発といふ事業は、本来土地を支配する神明から、其部分の割譲を受けて、其許諾の下に之を経営するといふ思想に基くものであるから、聊かでも神に縁故のある土地は、常人は憚って之に手を着けなかったものである。」[18]

そして、つぎのとおり、そのさいに開拓をさしひかえたところが、聖なる森の起源となったという。

「森といふものは、要するに、人民が憚って開き残したる土地の一部をいふことになる。神聖なる地域に於ては、一木一草と雖も採取を厳禁して居つたが故に、周囲は悉く熟田に化して仕舞った後世に於ても、其森ばかりは真黒に繁って、単に巨木があり、人家がないといふ計りでなく、一種人工の樹林などとは異った光景を呈して居つたのである。」[19]

このように、聖なる森というものは、移住開拓民が神をはばかって拓き残したところなのである。

18　柳田・前掲注（7）460頁
19　柳田・前掲注（7）461頁

この聖なる森が最初に画されたのは、山地の開拓においてであった。移住開拓民は山間の谷あいに水田を拓いたのであるが、その水田のある谷頭の高地の森に山の神を祀り、開拓と農作業の加護を祈ったのが、聖なる森のはじまりである。

それでは、移住開拓民は、なぜ山地に水田を拓いたのであろうか。移住開拓民が山地を開拓して米をつくろうとした理由について、柳田国男は、『地名の研究』のなかで、つぎのように述べている。「我々の農作は当初自然の水流を利用する為に、好んで傾斜のある山添いを利用し、しかも背後に拠る所のある最小の盆地を求めた故に、上代の植民は常に川上に向かって進む傾向をもって居た。」[20]

柳田国男は、初期の水田について、山地に拓いたもので、背後に水源の山があるところ、つまり上流の山間の谷あいのところにつくったと考えたのである。

この初期の水田は、山からの湧水や空からの降水によって水を確保するものである。山間の水田は、山からの湧き水を利用して、水を確保するものである。天水田《てんすいでん》といわれるものは、天からの降水を溜めて蒸発しないようにして、水を確保するものである。

山間の水田で、谷間の一番奥のところに拓いた水田を「三角田」という。『月曜通信』所収の「田の神の祭り方」では、このことを「是は本来は谷あひの一ばん上の田が、高低線のちがひで、自然に上細りの形になる、それをいふ。」[21]と述べているように、三角形をした田である。

山間の水田のなかには、山地の谷に沿って、下流から上流まで細長い水田ができているところがあるが、これを「谷戸田」（やとだ、やちだ）といい、山からの水を利用するもので、これも古くから開発された初期の水田のひとつである。

ところで、『日本書紀』では、アマテラスは天《あま》の狭田《さだ》・長田《ながた》を御田としていたと書かれているが、小島瓔禮は『太陽と稲の神殿　伊勢神宮の稲作儀礼』のなかで、「狭い田」や「長い田」というのは、清水の湧く谷間の奥の水田のことだと指摘する。清水の流れのいちばん上の水田は、おのずと三角形になることから、「三角田」と呼んでいるもので、これが狭田であるという。そこは田の神の祭が行われるところである。長田は、それに続いて谷川の流れに沿った細長い田のことであるとする[22]。

このように『日本書紀』で神田としている水田は、初期の山間の水田の形を模しているのである。このことから、かつては、統治者の移住集団も、山の稲作民と似たような稲作の起源神話をもっていたのではないかと思われるのである。

また、山地に水田を拓いたのは、柳田国男が指摘するように、移住開拓民がその原郷においても山の民で、山で生活をしながら稲作に従事していたことから、山地での水田のつくりかたを熟知していたからだと思われる。

柳田国男は、移住開拓民が海の彼方から移住してきた山の民であることについて、『島の人生』のなかで、「我々の祖先は舟で渡って来ながら山民であった。険岨なる山島に居を占めることを、苦にしなかった故に国を開き得たのである。」[23]と述べているほか、「山民の生活」のなかでも、「疑なく祖

20　柳田国男『地名の研究』『定本柳田国男集⒇』44頁（筑摩書房、昭和45年）
21　柳田国男『月曜通信』『定本柳田国男集⒀』381頁（筑摩書房、昭和38年）
22　小島瓔禮『太陽と稲の神殿　伊勢神宮の稲作儀礼』220頁（白水社、平成11年）
23　柳田国男『島の人生』『定本柳田国男集⑴』454頁（筑摩書房、昭和38年）

先はどこかの山国から来た人でありますから、夙くから山地の利用法には長じて居たのでせう。」[24]と述べている。

また、『雪国の春』でも、「我々は谷の民だ。さうして又海から入つて来た移住者の末であり……」[25]と述べていて、その原郷は山地であることを示唆している。

中国の江南の沿海部、南朝鮮と多島海《たとうかい》と済州島《さいしゅうとう》、沖縄などはいずれも後背に山を背負っており、それらが移住開拓の稲作民の原郷ないし移住の経路地の可能性がある。とりわけ、江南沿海部は山だらけの土地であるとともに、海洋性稲作民の住むところであることから、移住開拓民の原郷の有力な候補のひとつである。

そして、移住開拓民は、水田のある谷頭の上にある山の一部を画して聖なる森として、そこに山の神を祀ったのである。

このことについて、柳田国男は、『月曜通信』所収の「田の神の祭り方」のなかで、山の神の祭場として、「田のある谷《やつ》の高地に森があつて、山の神を祀って居る」[26]と述べているほか、「田社考大要」のなかで、「広大な埋立開墾地の付加があるまでは、かういふ小規模な緩傾斜の谷あひが、個々の生産単位として緊密に結合して、水を豊かに分ち与へたまふ神を、年毎に祭り続けて行くことが、全国普通の例であった」[27]と述べている。

このように山地の集落の背後の山に聖なる森があり、山の神の祭はそこで行われ、その山間の谷あいに沿って小規模の水田が広がっているというのが、柳田国男が想定した当時の植民開拓村の景観であった。平野に広がる広大な灌漑水田は、未だ登場していないと考えられていた。

このような聖なる森と集落と耕地の立地のありかたは、沖縄の古い村落と御嶽、そして、中国雲南省のハニ族の村落の立地を想起させるものがある。

沖縄の御嶽もまた山や丘にある。御嶽はどこの村落にも必ず一つはある。そこは村落の守護神である祖神を祀るところで、アコウ、ヤラブ、クバなどの神木が生い茂る森だけで、祠や社というものはない。

小島瓔禮は、「御嶽と山岳信仰」のなかで、沖縄の古い村落は、平地にあるものはきわめて少なく、山地をひとつのよりどころとしてつくられていて、その多くは丘の頂とか山の中腹を選んで立地されているると述べている。これは山には土地を占有する神がやどっているという考えから由来するもので、村落をつくるにあたっては、村落や耕地の後背の山を村落の守護神とし、御嶽はその山と村落の接点になっているという[28]。

仲松弥秀によると、泥湿の土地を避け、飲料水を確保するために、沖縄の古い村落は、山や丘の斜面に立地しており、いずれの村落にも森林におおわれた御嶽があって、そこに祖霊神が祀られている

24 柳田・前掲注(5)499頁
25 柳田・前掲注(4)52頁
26 柳田・前掲注(21)382頁
27 柳田・前掲注(6)539頁
28 小島瓔禮「御嶽と山岳信仰」『琉球学の視角』102頁(柏書房、昭和58年)

という[29]。仲松弥秀は、御嶽に祀られている神には、祖霊神の系列と、ニライカナイ神の系列とがあり、祖霊神系の御嶽は、村落の背後の山の頂上か中腹にあり、村びとを守護しているという[30]。仲松弥秀のいう祖霊神とは、村びと個々の祖霊ではなく、村びとの最初の祖先を含めた代々の祖先達が一つになった祖神のことで[31]、「山の神は明らかに祖霊神を指している。」[32]と指摘するほかに、山の神との関連は詳細には述べられていないが、御嶽の祖霊神の原型は、移住開拓にあたって、拓き残した聖域の山の神と祖神が習合したものと考えられる。

また、中国雲南省のハニ族は、現在は棚田の稲作農耕を主たる生業としているが、かつては焼畑農業を生業としていた少数民族である。欠端實『聖樹と稲魂―ハニの文化と日本の文化―』によると、高地に住むハニ族は、神が住んでいると考えられている山を背にして、山の斜面に村落をつくっている。そして、その下には棚田が広がっているのである。その山には村落の神を祀る森があり、村落をつくるときには、山や森のシンボルとしての聖林、聖樹が選定され、そこを中心にして村びとの家がつくられていくという[33]。

このように、同じ山地の農耕の民ということから、移住開拓民の山地での耕作、集落、神域のありかたは、古い沖縄の村落や中国雲南省のハニ族に見られる耕作、集落、神域のありかたによく似ているのである。

5　異なる移住開拓民

柳田国男は、日本における稲作は、日本に従来から生活していた人間の社会のなかでの創意工夫から生まれたものとは考えてはいなかった。それは日本の外部から持ち込まれたものだと考えていたのである。それも籾種《もみだね》だけが伝わったのではなく、稲作の経験と技術をもった集団が来訪して、日本における稲作が始まったとするのである。

柳田国男は、『海上の道』で、「現在の通説かと思はれるのは、ちやうど縄文期と弥生式期の境目の頃に、此国へは籾種が入って来て、それから今のやうな米作国に、追々と伸展したといふことらしいが、それが先ず自分には承服し難い。……最初から、少なくとも或程度の技術と共に、或は其以外

29 仲松弥秀『古層の村―沖縄民俗文化論』15―17頁、２６３頁（沖縄タイムス社、昭和52年）
30 仲松弥秀「琉球弧の信仰」谷川健一編『海と列島文化6　琉球弧の世界』３０６―３１５頁、３２０―３２２頁（小学館、平成4年）
31 仲松・前掲注（29）13頁
32 仲松弥秀「祖霊信仰と「うたき」」中野幡能編『山岳宗教史研究叢書13　英彦山と九州の修験道』５２７頁（名著出版、昭和54年）
33 欠端實『聖樹と稲魂―ハニの文化と日本の文化―』12―13頁（近代文芸社、平成8年）

に米といふもの〻重要性の認識と共に、自ら種実を携へて、渡って来たのが日本人であったと、考へずには居られぬ」[34]と述べているが、ここで柳田国男が強調しているのは、「日本人」が形成されてから、稲作の知識が伝播して、稲作が始まったのではなく、稲作の経験と技術をもった集団が来訪して、その集団が「日本人」を形成したということである。何をもって「日本人」というのかは難しい論点であるが、柳田国男は、米をもって渡ってきた集団が日本人の起源であると考えているのである。柳田国男が『故郷七十年』のなかで、「日本人の起源はやはり稲作と結びつけて考へる必要があると思ふ。」[35]と述べているのは、このことを指している。そして、稲作のための移住開拓の目的が、祖神に神饌として捧げるためであったことを、柳田国男は重視する。

日本人と米とは不可分で、日本は稲作が盛んで稲穂の国だと喧伝されてきたことから、米の収穫量もむかしからかなり多いものと受け取られがちではあるが、柳田国男は、明治以降の日本でも、米を常食とするほどの収穫をあげていないことは熟知していた。『海上の道』のなかで、「今も全国を通じて米食率は恐らくは三分二以内、僅か半世紀以前までは、それが五十％を少し越える程度」[36]と述べており、『稲の日本史』のなかでも、「米は尊いまたは非常に重要なる食料だが……常食とは言えなかった」[37]と述べている。そのため、稲作のほかに、粟《あわ》や稗《ひえ》や麦やその他の雑穀の生産が盛んで、それが常食となっていたことも柳田国男は熟知していた。

まして、山地に拓かれた狭い水田から採れる米で、移住開拓民の食糧のすべてをまかなうことは不可能であったろう。それにもかかわらず、米をつくらざるをえなかったのは、「信仰的用途」のためだと、『海上の道』のなかで、柳田国男は指摘している[38]。『稲の日本史』のなかでも、「稲を始めて作った時代は、今日のように稲を常食するというような思想からではないのであります。」[39]と述べているところがあるが、その「信仰的用途」というのは、米を祖神の神饌として捧げることにあった。そして、それに加えて、「是が本来は晴れの日の食物であったことで、年に幾度の節日祭日、もしくは親の日身祝ひ日だけに、飽くまでそれを飲み食ひして、身も心も新たにしようといふ趣旨が、古くからついて廻っていた」[40]と、『海上の道』のなかで述べている。

「山民の生活」のなかでは、このことについて、つぎのように述べている。

「我々の祖先の植民力は非常に強盛でありましたがそれにも明白に一つの制限がありました。如何なる山腹にも住む気はある。食物としては、粟でも稗でも食ふが、唯神を祭るには是非とも米が無くてはならぬ。……仮令一反歩でも五畝歩でも田に作る土地の有ると云ふことが新村を作るに欠くべからざる条件であったのです。」[41]

　このように、山間に狭い水田を拓く一方、移住開拓民の食糧の確保のために、山地に焼畑や常畑を

34　柳田国男『海上の道』『定本柳田国男集(1)』29頁（筑摩書房、昭和38年）
35　柳田国男『故郷七十年』『定本柳田国男集別巻(3)』404頁（筑摩書房、昭和39年）
36　柳田・前掲注（34）30頁
37　柳田国男他『稲の日本史（上）』85頁（筑摩書房、昭和44年）
38　柳田・前掲注（34）30頁
39　柳田他・前掲注（37）84頁
40　柳田・前掲注（34）30頁
41　柳田・前掲注（5）500頁

拓いて、粟や稗やその他の雑穀を生産していたというのが、移住開拓民の生業の真実の姿である。

このような山の稲作民の生産のあり方は、平野に大規模な灌漑水田を拓き、豊かな収穫をあげて、稲作文化を築きあげたといったイメージとはほど遠いものがある。

このように、柳田国男の想定した移住開拓民は山地の稲作民であり、家族単位の集団で、山間に小規模な水田しか拓くことができなかったが、それとは別に、朝鮮や中国から進んだ灌漑の技術をもって来訪した移住開拓民がいて、かなりの組織力をもって海岸近くの平野に大規模な開拓を進めていたことを柳田国男は把握していた。ただし、その移住開拓民は、山の稲作民より遅れて日本に着いたという理解であったようだ[42]。

しかし、朝鮮や中国から渡来して、進んだ灌漑技術と組織力で海岸近くの平野を開拓して、水路や畦畔を築き、大規模な灌漑水田を拓いた移住開拓民はやがて、それを経済的基盤として、国をつくりはじめるのである。

柳田国男は、この別の移住開拓民について、折口信夫や石田英一郎との座談会「日本人の神と霊魂の観念そのほか」のなかで、「日本の統治民族と名づけられる中心種族の中には、米に関する文化がはやく発達している。」と指摘し、「主要種族の精神生活は、稲の栽培とかなり深く繋がっている。」[43]とまで述べている。

柳田国男が統治民族とか中心種族とか呼んでいたのは、海岸近くの平野に広大な灌漑水田を拓いて、のちに大和朝廷などを形成した移住開拓民である。

柳田国男は、山地に初期の水田を拓いた移住開拓民こそが日本人の源流であり、稲作をはじめて日本にもたらした民で、その後の稲作文化のにない手になると考えていた。

『故郷七十年』のなかで、灌漑設備がなく、梅雨の期間の降雨を頼りに稲作をつづけている島の稲作について、「雨を待って稲を作ってゐる点は、いくらか日本民族の最初を想像させるものがある。」[44]と述べているが、これが柳田国男の日本に渡来した移住開拓民の初期の稲作のイメージであり、「日本人」を形成した移住開拓民のイメージである。

このことについて、柳田国男は、同じ『故郷七十年』のなかで、「われわれ日本民族の古代生活を考へるとき、山の生活を除いては考へられないことをぜひ知っておかねばならぬ。古代は、海と山とがもっと接近してをり、山から流下堆積した土砂によって平野が形成され、そこの都邑から政治の歴史が始ったのはそれ以後なのであるから、平原だけで作られた歴史をのみ歴史として見ることの誤りに気づかねばならないのである。」[45]と述べていて、古代の日本人は「山の生活民」であったと指摘している。

しかし、この海岸近くの平野に大規模な灌漑水田を拓いていた別の移住開拓民の存在は、柳田国男の稲作文化に対する認識を脅かすものであったと推測される。そして、柳田国男に、山地の稲作民はその後の日本の稲作文化のにない手になりえるのかというような揺らぎが生じていたのではないか

42　柳田国男他・前掲注（37）84頁
43　『民俗学について　第二柳田国男対談集』10頁（筑摩書房、昭和40年）
44　柳田・前掲注（35）412頁
45　柳田・前掲注（35）69頁

と、わたしは考えている。

宮本常一の『開拓の歴史』や、古島敏雄の『土地に刻まれた歴史』は、弥生時代に最初に水田耕作の行われたところは平野の低湿地で、そこはしばしば洪水におそわれるような土地であったことから、しだいに安全なところとして、山の谷間の湿地を稲作に利用することになったと述べている。移住開拓民の灌漑技術では、平野に流れる河川に堰をもうけて、そこから水路をつくって水を取りいれ、畦畔で囲まれた水田にその水を引きこむということが不可能だったからであるという。日本は雨が多く、したがって地下水も多いため、山の谷間にはそうした地下水のわきでる湿地があり、水害をこうむることも少なく、秋の暴風を避けることもできることから、山間の土地が稲作に利用されたとしている。そして、高度な土木技術体系が生まれた弥生時代の中・後期になってはじめて、平野での水田開拓が可能になったという[46]。

宮本常一や古島敏雄は、平野での大規模灌漑水田の開拓は、山地での稲作が進んだ後の出来事として理解しているが、柳田国男はむしろ両者が並立していたと考えていたから、稲作文化の主流に対する認識に揺らぎが生じていたのである。

ところで、初期の水田跡が各地で発掘されるにともない、宮本常一や古島敏雄のような初期の稲作のイメージがしだいに覆されるようになってきている。

昭和53年に、福岡市の板付遺跡で、縄文時代晩期の遺物を伴う立派な水田の遺構と稲作の痕跡が発掘されたのである。発掘された水田址は、幅2メートルほどの人工的に掘削された長い水路や矢板で保護された畦畔《けいはん》をもち、水路には多数の杭を打ち込んだ井堰《いせき》や、二列に杭を打ち込んで水量調節用の柵にした取排水口などがあり、水田面積は５００平方メートル以上と推定され、非常に整った水田であったことが判明した。佐々木高明はこのような水田を「縄文水田」と呼んでいるが、つづいて、佐賀県唐津市の菜畑遺跡でも、同じような「縄文水田」が発見された。北部九州ばかりではなく、「縄文水田」の痕跡はその後、中国地方や近畿地方でも発見されるようになった[47]。

池橋宏の『稲作渡来民』によると、移住してきた民が水田を拓く場所として最初に注目したところは、海岸近くにできた沖積平野であった。海岸の湾や潟や入江のところに突き出たところは、そこに注ぎ込む河川がつくりあげた自然堤防である場合が多い。自然堤防とは、河川が氾濫したときに、重い堆積物が流路の近くに堆積して、自然に高くなったところで、移住してきた民は、河川の自然堤防からなる微高地に集落をかまえた。そして、その河川の流路から離れたところは、土砂の堆積が進まず、湿地として残ることから、後背湿地と呼ばれているが、そこが最初の水田の適地となったという。そこは浅くてやや広い谷間になっており、大規模な工事をしなくても、背後の深い森から年中間断なく流れてくる水を堰き止めて水田に引き入れることが可能だという[48]。

しかし、新たに発見された海岸近くの初期水田には、全部ではないにしても、池橋宏が指摘するような単純な湿地利用の水田ではなく、異なった段階に達しているものが含まれていた。用水路の施設

46　宮本常一『開拓の歴史　双書・日本民衆史1』62―64頁（未来社、昭和38年）、古島敏雄『土地に刻まれた歴史』41頁（岩波書店、昭和42年）
47　佐々木高明『日本の歴史①日本史誕生』２９９―３０１頁（集英社、平成３年）
48　池橋宏『稲作渡来民』１４８、１５９、１８４頁（講談社、平成20年）

や水田の畦畔の構築は、当該水田が単純な湿地利用のものではなく、進んだ灌漑技術に基づくものであることを示していた。しかもそれは、湿地利用の水田から発展したものではなく、はじめから完成した灌漑技術によって拓かれたものであることを示していたのである。

後藤直の「農耕社会の成立」によれば、板付遺跡では、ほぼ南北にのびる標高12メートルの洪積台地上に居住地・墓地があり、水田址はその両側で発見されている。水田が設けられたのは、縄文海進によって海岸近くの後背湿地として有機質粘土の堆積が進んだのち、縄文時代後期からの海面低下で浸蝕谷が形成されて沼地となったところだという。

菜畑遺跡では、旧砂丘列の後背湿地に面する小丘陵間の扇状浅谷開口部に五枚の水田面が発見されている。これらの水田は谷奥から流れる水路の両側にあり、水路中に井堰を設けて取排水するようになっていたという。

後藤直は、初期の水田は、当時堆積が進む海岸砂丘の後背湿地や沼沢地、扇状地、三角州浅谷などに設けられていて、いずれも地下水位が高く湿田に属するが、湿地をそのまま水田に利用するのではなく、畦畔で区画して滞水可能な平坦面を造成しているという。また、初期の水田は、自然流路を利用して小溝を掘削した水路、その内部の井堰、水田と水路をつなぐ取排水施設、そのなかに水を調節するための杭や矢板の工作物などの水利施設を附帯していると指摘する[49]。

これまで初期の水田は、高度の灌漑設備の必要のない山間の湿地に立地するものと考えられていたが、これらの発見により、それとは別に、かなり高度な灌漑の技術を有し、灌漑を必要とする平地にも水田を拓いている移住開拓民が早くからいたことが明らかになった。

宮本常一や古島敏雄は、山間に水田を拓いた後に、灌漑技術の発展にともなって、稲作民は山を下りて沖積平野に灌漑水田を拓くようになったと理解していた。しかし、前述の海岸平野での初期灌漑水田の発見は、山間の水田から始まって平野の灌漑水田に展開していったという稲作の発展史を覆すものであった。そして、それは山間に水田を拓くのと並行して、かなり早くから、平野に灌漑水田が拓かれていたことを示すものであった。むしろ、この初期の海岸平野の灌漑水田のほうがやがて沖積平野の大規模な灌漑水田に発展していったものと考えられる。

もちろん、柳田国男が生きていた時期には、このような灌漑設備を完備した水田が稲作の伝来のときに既に拓かれていたという事実は知られていなかった。それゆえ、柳田国男は、山地に初期の水田を拓いた移住開拓民こそが日本人の源流であり、稲作をはじめて日本にもたらした民で、その後の稲作文化のにない手になると考えていたのである。

このような柳田国男の説は、平野での初期水田の発見にもかかわらず、いまなお有効性を失っていないと、わたしは考えている。

海岸平野に拓かれた初期水田が完成した灌漑設備を備えていたことから、山地の稲作はそれより後に開発されたとする論者に対して、渡部忠世は、中国江南の稲作文化に関するシンポジウムにおいて、現在発掘されている縄文晩期から弥生後期にいたる水田遺跡は、ことごとく畦畔をもっているが、当

49　後藤直「農耕社会の成立」『岩波講座　日本考古学6　変化と画期』129、131、132頁（岩波書店、昭和61年）

時の水田がすべて完成した灌漑設備を備えていたことにはならないと批判し、畦畔をもたないような水田は発掘しようがなく、原始的な段階の水稲耕作があったとしても、それが遺跡としては残らない可能性があると発言している[50]。

さらに、渡部忠世は、技術的にかなり進んだ灌漑設備を備えた水田が、稲作開始から存在していたという説に対して、そのような進んだ灌漑水田のほかにも、進んだ灌漑設備を伴わない原始的な水田や、焼畑水田が混在していたと反論している[51]。

この古代日本の稲作の発展の多様な方向性について、山岸良二は、「稲作を伝えた人々の墓」のなかで、つぎのとおり、駿河湾沿岸の二つの集団の稲作経営を例にあげて指摘している。まず、「山の弥生人」と名づけられた集団は、台地深奥部の谷口微低地に小規模な水田を構築したものの、水田の確保が十分にできなかったために、水稲農耕は客体生業にとどまり、狩猟・採集を主体生業としていかざるをえなかった。これに対して、「野の弥生人」と名づけられた集団は、低地・氾濫原・湿地などへの進出を図ったため、平野・平地部の微高地・微低地にかなりの規模の水田を確保したことから、水稲農耕を完全主体生業とすることに成功したという[52]。

また、山地の稲作と平野の稲作が同時に可能であったのは、弥生時代の水田の造成技術が、過低湿地、低湿地、緩傾斜地の高乾燥地など、さまざまな立地条件に適応することができるものであったからだと考えられる。このことについて、都出比呂志は『日本農耕社会の成立過程』のなかで、「一時期・一回きりの渡来集団を考えるよりは、何回かの波があること、かつその故地が異なる複数の集団を想定すべきかと思われる。したがって、渡来集団がもたらした農業技術においても、一系統ではない」[53]と述べている。

わたしは、それに加えて、日本の稲作の源流の有力な候補地である中国江南での稲作には、山地での稲作から平野での灌漑水田による稲作まで、多様な立地に対応するものが存在しており、そのような多様な立地条件に適応できる技術が存在していたことがあげられると思う。

例えば、渡部忠世は、『稲のアジア史3』所収の「アジアの視野から見た日本稲作」において、紀元前後の江南には完成した灌漑設備を備えた水田のほかにも多様な立地、すなわち氾濫原、低湿地、旱魃《かんばつ》常襲の天水田、丘陵や畑などが存在していて、江南の複雑な地形の上に多様な稲作が展開していたとする。稲の渡来とは、単なる種子の渡来ではなく、その立地の選択まで含めた技術移転にほかならないから、日本に渡来した稲作が江南からのものとすれば、日本においても江南のような諸立地を選択の対象にして、それに応じた技術で稲作を展開したものと思われるという。そして、日本への稲作の伝来が古ければ古いほどに焼畑などの畑地や山間の小湿地などが立地として選択された可能性がより高くなるという[54]。

50 『中国江南の稲作文化―その学際的研究』268頁（日本放送出版協会、昭和59年）
51 前掲注（50）269頁
52 山岸良二「稲作を伝えた人々の墓」武光誠・山岸良二編『古代日本の稲作』107―109頁（雄山閣、平成6年）
53 都出比呂志『日本農耕社会の成立過程』55―56頁（岩波書店、平成元年）
54 渡部忠世「アジアの視野から見た日本稲作」『稲のアジア史3　アジアの中の日本稲作文化』13―14頁（小学館、昭和62年）

日本文化は、「日本の統治民族」、つまり「天津神」のもたらした文化であり、その根幹をなすのは稲作文化であるという考えの前提になっているのは、完成した灌漑設備と畦畔をともなった大規模な水田である。これに対して、柳田国男が重視した山の稲作民による稲作は、それとは異なり、湧水や天水を利用した山間の小規模な水田が前提となっている。それが山の稲作民を日本の稲作文化の主流とする考えに揺らぎをもたらす原因になっていたと思われる。しかし、前述したような、多様な立地に対応する稲作の展開についての渡部忠世の指摘は、日本の稲作文化が統治民族による稲作文化に一元化されないものであることを示すものであり、山の稲作が平野の稲作とほぼ同時期に日本に伝わり、あるいは、平野の稲作より先行して日本に伝わり、二つの稲作文化が併存していた可能性を示すものである。

6　二つの稲作文化

本章の冒頭で、柳田国男が「塚と森の話」のなかで、移住開拓民が「祖先の神」と「一部落一民衆としての尊き神」とによって守られているという信仰をもっていたと述べていたことを紹介した。そして、「家の祖先の神」とはそれぞれの家の「祖霊」のことで、「一部落一民衆としての尊き神」とは部落の伝承上の「祖神」のことをさしていると思われると述べておいた。

この祖神は、移住後も移住開拓民とその稲作を守るものとして、引き続き信仰されていたと考えられる。柳田国男は、『先祖の話』のなかで、「御田の神、又は農神とも作の神とも呼ばれて居る家毎の神が、或いは正月の午の神と共に、祭る人々の先祖の神であったろう。」[55]と述べているが、このことから、祖神は、田の神、農神、作の神、正月の歳の神などに承継されていたことがうかがわれる。

また、「みさき神考」のなかで、柳田国男は「わが国固有の信仰においては、神は年々季節を定め、又は臨時の必要に応じて、しばしば人界へ降臨なされる。」[56]と述べているように、祖神は毎年季節を定めて、来訪あるいは降臨するものであった。海の彼方から来訪する神や、天空や山頂から降臨する神は、移住開拓民が移住する前から信仰する祖神であり、移住開拓民とともに来訪して、その土地に祀られたことから、毎年季節を定めて、来訪あるいは降臨するところの神になったと思われる。

この祖神は稲作を伝えた神であり、稲作で収穫した米は、祖神の神饌となるものであった。柳田国男は、前述の折口信夫や石田英一郎との座談会「日本人の神と霊魂の観念そのほか」のなかで、「われわれの神祭りには、米は欠くべからざるものだ。」と指摘した後、「米を供御《くご》とすること、米を以て祖神を祭ること、この慣行はどう考えても新たに加わったものではない。」[57]と述べている。柳田国男は、米を神饌として祖神を祀るのは、移住開拓以前からのものであると位置づけているのである。そして、その移住開拓民の目的は、祖神に神饌としてささげる米を確保するための稲作適地をさがすこ

55　柳田国男『先祖の話』『定本柳田国男集⑽』54頁（筑摩書房、昭和37年）
56　柳田国男「みさき神考」『定本柳田国男集（30）』160頁（筑摩書房、昭和39年）
57　前掲注（43）11頁

とにあったという。

稲作は祖神への神饌を確保するためのものであるというのは、『日本書紀』の稲作起源神話に通じるものがある。『日本書紀』の天孫降臨の章の一書の二には、アマテラスはその子のアメノオシホミミノミコトが地上の統治者として天降ろうとするにあたって、神聖な斎場の稲穂を、この世の人間の食糧として授けたと書かれている。実際にはアメノオシホミミノミコトは降臨せず、その子のニニギノミコトが天降ったのであるが、そのときにこの稲穂をもっていったのである。そのために、稲作によって収穫した米を、天降った神に神饌として捧げるようになったというのが、日本における稲作と神饌の起源の神話である。「統治民族」が、海の彼方からこの列島に到来して、稲作をもたらしたということを神話に変換すれば、天津神が高天原から稲穂をたずさえて、葦原の中国に降臨したということになるのである。

このように統治民族の天津神祖神信仰と、山の稲作民の祖神信仰はかなり似ており、当初は同じような信仰をもっていたと思われる。しかし、統治民族の天津神祖神信仰と、山の稲作民の祖神信仰とは、重要なところで、大きく異なるところがある。それは、山の稲作民の祖神信仰が祖神とともに移住地の山の神を祀っていたことである。統治民族の天津神祖神信仰も、祖神のほかに、移住先の土地の神を祀っていた。山の稲作民も統治民族も、はじめは似たような二重構造の神の信仰をもっていたと思われる[58]。

移住開拓民が日本に来訪する前に、既に日本には先住民がいて、その先住民が信仰する神がのちに国津神と呼ばれるようになるが、移住開拓民が日本に移住して開拓を行う過程で、開拓の許可と農作の保護を求めて、移住先の土地の山の神も祀り始めたのである。このような過程を経て、移住前から信奉していた祖神への信仰と、移住先の土地の山の神の信仰の二重構造が形成されたのである。

しかし、やがて統治民族の移住開拓民は、それとは異なる神の二重構造を形成していった。山の稲作民の信仰は、移住前から信奉していた祖神への信仰と、移住先の土地の山の神の信仰との並列的なものであったが、移住してきた統治民族は、その祖神を天津神と呼んで、統治神に格上げし、神統譜の中心的な存在にする一方で、移住先の土地の山の神など先住民の神を国津神と呼んで、天津神の統治下に位置づける改革を行い、新しい二重構造を形成していったのである。これが記紀神話における天津神と国津神の二重構造であり、それは律令神祇政策の根幹である天神《てんじん》地祇《ちぎ》へと引き継がれていくのである。

そして、平野の稲作の発展拡大にともない、山の稲作は劣勢に追い込まれていく。このことを柳田国男は、前述の折口信夫や石田英一郎との座談会「日本人の神と霊魂の観念そのほか」のなかで、つぎのように述べている。

「日本の古い記録を読んでみると、天つ神と国つ神、天神と地祇、神武天皇の詔《みことのり》にもこの二つの信仰があったと認められる。歴史の進むにつれて、地祇が小さくなって、おいおいと天神系に移り変ってきている。……非常な勢いで国つ神信仰が衰えている。奈良朝以後には殊に著しい。延喜式の神名帳になると国津神の社の数はずっと少ない。旧信仰がなくなっている。」[59]

---

58 崇神紀によれば、宮中でもかつては、天照大神と並んで、先治者・先住者の国土神である倭大国魂神を祀っていたのである。

59 前掲注（43）13頁

しかし、柳田国男は、山の稲作文化がそのままなくなっていくとは考えてはいなかった。山の稲作文化が平野の稲作文化のなかに再生することを見いだしていこうとするのである。

柳田国男は、天津神と国津神の混淆、山の稲作民と平野の稲作民との混淆というような事態を通して、山の稲作文化が平野の稲作文化と混淆して再生する姿を見いだそうとする。

例えば、天津神と国津神の混淆について、柳田国男は『山の人生』の「山人考」のなかで、つぎのように述べている。

「奈良朝になりますと、新旧二種族の精神生活は、もはや名残無く融合したものと認められます。延喜式の神名帳には、国魂郡魂といふ類の、神名から明らかに国神と属すと知らるゝ神々を多く包含して居りながら、天神地祇の区別すらも、既に存置しては居なかったのであります。」[60]

この背景には稲作文化に関してつぎのような事態が生まれていた可能性がある。柳田国男は、開拓の進展により、移住開拓民が山地を下りて、平野に灌漑水田を拓いていくなかで、先に平野で灌漑水田を拓いていた大陸からの移住開拓民と混淆していったことを背景に、平野でも山の神を祀ることが始められ、第二次の聖なる森がつくられ、やがて、山の神が村の神に変化していく事態を想定していたと、わたしは考えている。

このことについて、座談会「日本人の神と霊魂の観念そのほか」のなかで、先に引用した箇所のあとで、つぎのように述べている。

「国つ神の信仰と天つ神の信仰のどちらが現在は有力かというと、おそらく天つ神のほうが有力な祭り方であって、それにもかかわらず、民間にはなお一方のものが伝わっているらしいのは、いわゆる文化の永続性も、決して軽視することはできぬと思います。」[61]

そして、山の神が村の神に変化していく経過を踏まえながら、柳田国男は新たな日本人論を展開していくことになる。

柳田国男が想定した村の神は、祖神や歳の神、山の神や田の神、農神や作神などを吸収して一元化したもので、新たな第三の神の信仰である。それとともに、村の神を信仰する民は、国津神の民でもなく、天津神の民でもなく、それらを包括していき、「日本人」の源流を形成すると、柳田国男は考えたのである。

柳田国男はさらに、山の稲作民のなかで稲作が各々の家の生業になっている状況を重視して、村の神のなかから各家の祖霊というものを浮かび上がらせる。村の神と祖霊は本来同一のものであったが、そこから祖霊を独立させて各々の家の神としたのである。祖霊は、天津神でも国津神でもない。柳田国男が構想した祖霊は、村落の人びとの間に広がっていた祖霊信仰をもとにつくりあげたもので、国津神である山の神を吸収して、天津神も吸収して成立したもので、村の神につづく家の神への信仰であり、新たな第三の神の信仰である。そして、祖霊を信仰する民は、国津神の民でもなく、天津神の民でもなく、それらを包括した「日本人」を形成すると、柳田国男は考えたのである。そのなかで、山の稲作文化は再生すると考えたのである。

60　柳田・前掲注（11）173頁
61　前掲注（43）34頁

その後、柳田国男は、『海上の道』を書いて、それまでの移住開拓論を補強して、家族を中心とする小規模な集団による移住開拓民が、南方から移住してきて、山に入って山間の狭い水田による稲作を始め、それが日本人の起源となり、日本の稲作の起源になったという説を展開することになるのである。

第2章

第二次の聖なる森の誕生

1　柳田国男の問題意識

柳田国男は、明治42年に「山民の生活」を発表しているが、そのなかで、つぎのとおり述べている。

「我邦では所謂神代の歴史にも見えず延喜式其他中古の記録にも見えず、又後世の勧請でも無い小さき神社が非常に沢山あります。殊にホコラと称する小さき社又は単に神ありといふのみで社も何も無い場所が、何れの地方でも沢山あります。関東ではネノ神、十二ソウ、テンバクなどと云ふ神々もありますが、全国を通じて最も単純で且つ最も由緒を知りにくいのは、荒神、サイノ神、山ノ神であります。」[1]

明治43年の『石神問答』の再刊の際に付した「再刊序」（昭和16年）のなかでは、つぎのとおり述べている。

「村々には既に一つ以上の正式の氏神鎮守神の御社があって、住民は協同してその祭に奉仕して居るのに、どうしてそれ以外に別に数々の小さな祠が出来て居るのか。社と祠の神々はもとから類を異にした信仰であったのか、但しは又単なる段階の差であって、固定と公認とによって次々と格を高め得

1　柳田国男「山民の生活」『定本柳田国男集(4)』502頁（筑摩書房、昭和38年）

るものであったのか。」[2]

これらはほぼ同じ問題意識のもとで書かれたものである。『石神問答』は、「最も不思議に存ぜられ候一事はシャグジの信仰に候」との柳田国男の山中笑への手紙で始まるが、ミシャグジ神にとどまらず、各地の小祠に祀られている謎の神や、神社もないところに祀られている謎の神に関して、それらの神がどのような神なのかについて、山中笑や和田千吉や白鳥庫吉などに宛てた質疑応答や意見交換の書簡で、『石神問答』は構成されている。

柳田国男がこのような問題意識のもとで、『石神問答』でとりあげた神は、その本文末尾に添付されている「現在小祠表」に掲載されている120種類におよぶ多種多様なものであった。それらは1番目の左宮司、社宮司、社宮神、作神、右口、社口大明神、社子ノ社、佐護神、石護神、石神《しゃくじん》、釈護子、遮愚儞、遮軍神、三宮神、三狐神、山護神、山護氏明神、射軍神、釈天神、杓子、オシャモジ等（東海道武蔵以西、飛騨、信濃）からはじまって、120番目の宇賀神にいたる120種類の神である[3]。白鳥庫吉宛ての書簡では、関心があるものとして13の神が掲記されている。その13の神は、①道祖神、②山神、③荒神、④姥神、⑤子ノ神、⑥子安、⑦石神、⑧サグジ、⑨壱岐の矢保佐社、⑩相模の左馬明神または鯖明神、⑪関東諸国の天白社、⑫近江などの十禅師社、⑬近畿中国の大将軍である[4]。

これらの神は、天津神・国津神の分類で言うと、国津神に入るであろう。なぜこれほどまでの多くの国津神が存在するのであろうか。柳田国男の疑問は、ここから始まる。

2　境の神

柳田国男は、この多種多様な神について質疑応答や意見交換を繰り返すなかで、これらの神の多くが境を守る神であることをつきとめている。柳田国男は『石神問答』のなかで、その執筆の契機となったミシャグジ神について、「守宮神、司宮神等はすべて当字にて、もとはソコの神即ち辺境の神と云ふ義なるべし」[5]と指摘するほか、「道祖の祖はもと阻碍の阻なるべし」[6]、「ミサキは辺境を守る神の義なり」[7]、「大将軍は閉塞を掌る神なり」[8]などと述べ、それらの神をまとめて、「有る限の神を頼みと里の守護を任するやうに相成候か　数知らぬ祠と塚と　今は信心も薄らぎて名義を疑ふばかりになり候へども　一として境線の鎮守に縁なき神はおはさぬ」[9]と述べている。このように、それらの神

2　柳田国男『石神問答』『定本柳田国男集⑿』4頁（筑摩書房、昭和38年）
3　柳田・前掲注（2）153—159頁
4　柳田・前掲注（2）47頁—51頁
5　柳田・前掲注（2）17頁
6　柳田・前掲注（2）8頁
7　柳田・前掲注（2）11頁
8　柳田・前掲注（2）16頁
9　柳田・前掲注（2）145—146頁

の多くは、村落の境界を守って邪神の類の侵入を防止するものや、神が占有している禁域の結界を標示するものであると位置づけて、境界の鎮守に関係のない神はいないとしている。

しかし、柳田国男は、それらの神の多くが境界を守る神であることをつきとめたことに満足はしてはいなかった。

つぎに、柳田国男は、これらの境の神を祀るにあたっては、境界のところに、社や祠を設けるか、塚や壇を築くか、樹木を植えるか、柱を立てるか、岩石を置くことが行われていることに注目している。境界のところは、もともと神がやどっているところではないので、境界を守るためには、社や祠を設けるか、塚や壇を築くか、樹木を植えるか、柱を立てるか、岩石を置いて、そこに神をよりつくようにしているのである。

柳田国男は昭和28年に『神樹篇』を刊行するが、そのなかには、明治44年の「地蔵の木」、大正4年の「柱松考」や「大柱直」や「勧請の木」、大正14年の「杖の成長した話」などの重要論文を含んでいる。この『神樹篇』は、『石神問答』につづいて、境の木とそこに降臨する神を主としてとりあげている。『神樹篇』は昭和28年の刊行ではあるが、昭和20年代の論文4篇を含んでいるものの、他の論文は明治・大正年間に発表したもので、『石神問答』で提起した問題を直接継承して検討を深めたものと位置づけることができる。

『神樹篇』所収論文の多くは、境の木が依代であり、神の降臨や境界の守護に深く関係していることを論じ、そして、境の神がそのような依代によりつく神であることを明らかにしている。

例えば、「地蔵木」では、地蔵木という地名のところは、境界を守る目的で礼拝を行った土地で、「塚の上に木を栽ゑ或は塚の代りに木を栽うるは中古の常習なり」[10]と述べているように、境の神をよりつかせるために、塚を築くこと、塚の上に樹木を植えること、塚の代わりに樹木を植えることなど、さまざまな依代があることを示している。

「大柱直」のなかでは、柱を立てるだけでなく、柱を塚の上に立てるのが上古からの風習であり、この柱は神による結界・占地を示しているとする。その柱を立てることによって、境界が神によって護られることとなり、これが境の柱の起源であるという[11]。

「勧請の木」では、神を招き降ろして、これを祀るために、最初は天然の樹木を用いていたが、その後、柱を立てて、神を招き降ろすようになったとする。そして、依坐《よりまし》を樹木の下に座らせて、神の託宣を聴いていたという。また、同じ「勧請の木」のなかで、『石神問答』でとりあげた諏訪の御左口神や社宮司という神を再度とりあげている。そこで、柳田国男は、少なくとも諏訪のシャクジは木主《もくしゅ》であると述べ、諏訪には「樹下に神を講じる祀る風習」があって、神を降ろして依坐に憑かせ、神意を知ろうとしていたという[12]。

「杖の成長した話」では、古くから境界を標榜するために、清らかなる石または木を齋いた習慣があったが、それは境の神の信仰にともなうものであったと指摘している。そして境界に立てるのは、木ば

10　柳田国男『神樹篇』『定本柳田国男集⑾』147―151頁（筑摩書房、昭和38年）
11　柳田・前掲注（10）34―39頁
12　柳田・前掲注（10）47―54頁

かりでなく、柱を立てることも行われていたという[13]。

このように、『神樹篇』に収録された各論考は、塚や樹木や柱に神を祀ることの起源は、神の降臨を迎えるためであり、その塚や樹木や柱は神の依代であったことを明らかにしているのである。

その後、柳田国男は、昭和11年の『信州随筆』の「御頭の木」で、再び『石神問答』でとりあげた左宮司や左口《さごん》神という神に言及している。ここでも、左宮司や左口神は説明しがたい信仰としているが、御頭左宮司という小祠の神と「御頭の木」というものをとりあげて、これは境界を示す標木であるとともに「木の神」の依代であると述べている。柳田国男は、無人の山野はただ漠然たる双方の入会であったときはよかったが、所領の分限が微細になり、しばしば、境論が起きる時代が来ると、最も尊敬されている諏訪信仰の御神木を境の標木とするようになったという[14]。柳田国男は、「御頭の木」は国郡の境界がやかましくなってから後に、諏訪信仰の応用として発生したもので、古代の信仰そのものではないと注記しているが、神木が神の降りる依代であり、諏訪信仰の「木の神」が境の神に結びつくことに着目しているのである。

3　土地の神

境を守る神の名前は、山の神、荒神、石神など多種多様であるが、その理由のひとつは、境の神が守る境界が、山野と村落との境界、村落と村落との境界、現世と他界との境界、村落の内部と外部との境界などさまざまであった。そのほかには、境を守る神が、どこからよりついてきた神かということも、多種多様の名前をもつ要因になっていると考えられる。

ただし、それらは「境を守る神」という一種類の神ではない。「境を守る神」というようなものは機能であるにすぎず、どのような神が境に立てた依代によりついたのかが問題となろう。これが柳田国男の問題意識であったように思う。その本体の神が強い神威のある神だからこそ、その神の分霊を境界に祀ることで、境界をその呪力で強力に守ることができると、その神を祀った人々は考えたのであろう。

柳田国男は、『石神問答』のなかで、境を守る神の多くは、もとは森や山野などを占有する土地の神であったとしている。

例えば、荒神について、「荒神は正しく山野の神にして　其数の多きこと亦東国の山神と同じく候」[15]と述べるほか、「諸国にては山野に之を祀り候上　出雲などにては荒神は大抵森のみありて社なきこと……」[16]と述べていて、荒神が山野の神であり、森にやどっていて、森や土地を占有する神であることに着目している。

13　柳田・前掲注(10)71—95頁
14　柳田国男『信州随筆』『定本柳田国男集(22)』242—261頁（筑摩書房、昭和37年）
15　柳田・前掲注(2)49頁
16　柳田・前掲注(2)34頁

また、「多数の摂社末社又は寺院の守護神伽藍神など称する小祠の中には　略〻一定の種類あり荒神山神稲荷などは其最なるものとす　……大抵は地鎮の意味を有するものなり　此状の記事に依るもシャグジが一種の地神なるべきことは想像し難からず」[17]として、ミシャグジ神や荒神や山の神や稲荷などは、土地を占有する「地神」であるとしている。

さらに、『地名の研究』のなかでも、以前に、社宮司という謎の神について『石神問答』という本を書いたことがあるが、それから後にわかったことは、その神の信仰は「信州の諏訪が根元で、今は衰へてしまった土地の神の信仰では無いかといふことである」[18]と書いている。

「山民の生活」でも、『石神問答』でとりあげたミシャグジ神について、「シャグジと云ふ神がある。東海道の諸国では古来各村に祀って居ります。……駿河などにはシャグジは土地を守る神だとか又は土地丈量に用ゐた器具を埋めた場所だという伝説があります。」[19]と述べていて、ミシャグジ神は土地の神であるとしている。

このように、境を守る神の本源は、土地の神であることを柳田国男は確認している。そして、境を守る神とは、土地の神の分霊を、その本源のところから移して、境界に立てた塚や樹木や柱や岩石などを依代としてよりつかせたものであることを明らかにしている。

それではその本源の地とはどこであったのであろうか。柳田国男は、その本源の地こそ、最初の聖なる森であったと考えていたのである。

第1章において、移住開拓民が最初に開拓したところが山間の場所であること、そして最初の聖なる森は、神がやどり占有するところとして開拓することをひかえたところであること、それは村落と耕地の周囲の山にあり、そこにやどる山の神に対して、開拓の許可と耕作の加護を願っていたと述べた。

その後、開拓を進めるために、移住開拓民は山地から平野に下りることになった。そして、新しい村落と耕地を守る神として、最初の聖なる森にやどっていた山の神の分霊を、新しい村落と耕地の場所に依代を設けて、そこによりつかせたのである。

このことについて、柳田国男は、『日本の祭』のなかで、「永い歳月に亙った日本人の移住と拓殖」のために、「神を御迎へ申す場処を移さねばならぬ必要が起こった」[20]と述べている。

そして、その神威の応用として、山野と村落との境界、村落と村落との境界、現世と他界との境界、村落の内部と外部との境界を守るために、境界にそれらの神の依代を立てて、その神威により境界を守ったと考えたのである。

柳田国男は、それらの神の多くが土地の神を本源とすることをつきとめても満足してはいなかった。柳田国男の関心は、なぜ同じ名前の神が、かなり広い地域に祀られていることに注目していた。それも山地の森に限られず、平地にも広く祀られている原因を明らかにしようとしたのである。例えば、『石神問答』のなかで、シャグジ、サグジまたはサゴジと称する神について、武蔵・相模・伊豆・

17 柳田・前掲注(2)24頁
18 柳田国男『地名の研究』『定本柳田国男集⒇』65頁(筑摩書房、昭和45年)
19 柳田・前掲注(1)502―503頁
20 柳田国男『日本の祭』『定本柳田国男集⑽』196頁(筑摩書房、昭和37年)

駿河・甲斐・遠江・三河・尾張・伊勢・志摩・飛騨・信濃の諸国にわたって、数百の小祠があるといい、単にイシガミと称する小祠も多いと述べている。道祖神の祠も全国に分布しているといい、荒神の祠も全国にわたって多くあると述べている。

この謎を解く鍵は、移住開拓の進展と、境界の防衛のための依代の利用の拡大にあったのである。

4 依代の原型

それでは、なぜ境を守る神の依代として、塚や樹木や柱や岩石などが用いられたのであろうか。それは、塚や樹木や柱や岩石などが、山地にある聖なる森の断片だからであろう。聖なる森の断片が依代の原型であった。

柳田国男は、大正2年の「巫女考」のなかで、「玉串の最初の思想は生樹の清い枝に神霊をして依らしむるに在った……其又根底を為すものは神霊が樹木に宿ると云う信仰である。」[21]と述べており、同年の「境に塚を築く風習」のなかでは、「元来石又は樹又は塚が夫自身独立して神の住処であった」[22]と指摘している。

柳田国男は、塚や樹木や柱や岩石などに神がやどるという信仰があることを指摘しているが、そこに神がやどるには、それより前に、神がやどっている森や土地が存在していることが必要である。塚や樹木や柱や岩石などは、その森や土地の一部であるから、そこに神がやどるのである。

ところで、中尾佐助は「インドの山と森の信仰」のなかで、日本における山に対する信仰と森に対する信仰の先後関係について、山に対する信仰が先行すると述べている。森と関係のない山への信仰がたくさんあることや、富士山や立山は中腹には森があるが、上部には樹木がないことなどをその理由としてあげている。そして、つぎのように、聖なる森の信仰の原型は、山岳信仰にあるとの持論を展開している。

「鎮守の森もはじめは山にかかわった信仰から、その附加物であった森が、切りはなされて平地におりていったものであったのではないかとの推定がどうやらできそうである。山棲みであった人々が、日常礼拝した場所が深い森林の中にあって、その雰囲気を感じとっていたならば、山を離れて平地に聖地をつくるとき、雰囲気としての森を保持することは当然おこりそうなことである。」[23]

このような鎮守の森は山の断片であるとする中尾佐助の指摘は、山を神のやどるところとして、森はその断片であるとする前提にたっている。しかし、森と山、あるいは、森と土地は、そこに神がやどることで不可分の関係になるのであって、森は山の付加物ではない。

移住開拓民にとって、開拓の対象は山地の森で、山の神は山地の森を占有していて、そこにやどるものととらえていたから、その山地の森を聖なる森として、禁域としたのである。この場合、森と山、

21　柳田国男「巫女考」『定本柳田国男集⑼』２４９頁（筑摩書房、昭和37年）
22　柳田国男「境に塚を築く風習」『定本柳田国男集⑿』４９８頁（筑摩書房、昭和38年）
23　中尾佐助「インドの山と森の信仰」どるめん12号（ＪＩＣＣ出版局、昭和52年）

あるいは、森と土地は不可分の関係にある。

柳田国男は、「塚と森の話」のなかで、「我々が神として齋くものは、根源の思想に遡っていへば、御神体でもなければ、社殿では勿論なく、其土地自身、其土地の上に繁茂する森夫自身である。」[24]と述べているが、神が何かにやどれば、その何かが神なのである。塚や樹木や柱や岩石などは、山地にある聖なる森の断片であるが、そこに山の神がやどることによって、神のやどる聖なる森が再現されるのである。

つまり、塚や樹木や柱や岩石などは、神が本来やどっている森や土地の一部であり、そこには神の霊力が集中していることから、その強い霊力によって境界や聖域を守るために、境界や聖域の場所に神の霊力がやどっている土や樹木や柱や岩石などを運びこむのであるが、そのほかにも、境界や聖域の場所に塚を築き、樹木を植え、柱を立て、岩石を置き、それを依代として、神を本来あるところから移動させて、その分霊を祀るという方法もある。

後者の場合、神が本来やどっている森や土地の一部ではない物、そのような樹木や柱や岩石などを依代として使って神をよりつかせるのであるが、それは樹木や柱や岩石などで聖なる森を象徴的に再現することで、神をよりつかせる方法である。

なお、諏訪大社四社や諏訪系の神社には、社殿を囲むように、社殿が建っている土地の四隅に御柱《おんばしら》と呼ばれている素木《しらき》が立てられている。諏訪大社四社にある御柱は巨木であるが、諏訪系の神社の御柱はそれほどの巨木ではない。わたしは、この四隅に立てられた御柱もまた、聖なる森を象徴的に再現したものと考えている。

5　聖なる森の再現

塚というものは、山地にある聖なる森を象徴的に再現したものである。それは再現された聖なる森であることによって、神がよりつくのである。樹木や柱や岩石などは、聖なる森の断片である。断片であることから、そこに神がよりつくのであるが、やがてそれは同じように、聖なる森を象徴的に再現するものとなって、神をよりつかせるようになる。つまり、聖なる森を象徴的に再現することで、塚は神がよりつく『場』となり、樹木や柱や岩石などは神がよりつく「物」となるのである。

塚と似たような存在として、柳田国男は、神が降臨する場である「標山《しめやま》」のような人工の山をとりあげている。「標山」も聖なる森を象徴的に再現したものである。

例えば、柳田国男は、『神樹篇』の「諏訪の御柱」のなかでは、各地の柱を立てる行事・祭をあげて、柱が依代であり、「柱の起源が折口君のいわゆる標山に在る」[25]と述べて、「標山」が神のよりつく依代の原型であることを指摘している。「片葉蘆考」のなかでは、姫路総社の祭りの山を取り上げ、

24　柳田国男「塚と森の話」『定本柳田国男集⑿』465頁（筑摩書房、昭和38年）
25　柳田・前掲注（10）45頁

これは「大嘗会の標の山」と同じであるとしている[26]。これは神がよりつく聖なる森を象徴的に再現した人工の山である。『石神問答』のなかでは、祇園会の山及び鉾をとりあげて、「塚は定着の祭壇にして山及鉾は移動する祭壇なり」[27]と述べていて、人工の山は塚と同じ祭壇であり、聖なる森を象徴的に再現するもので、そこに神がよりつくと考えているのである。

折口信夫は、「髯籠の話」のなかで、神が降臨する場として「標山」を設置する例を紹介しているが[28]、小川直之の「「依代」の比較研究」によれば、折口信夫が考える神招きの装置は三段階の構成になっているという。

第一段階は、標山である。

第二段階は、標山の頂上の松、杉、真木などの喬木《きょうぼく》である。

第三段階は、一本松や一本杉など注意をひきやすいものがない場合には「依代」「招代《おぎしろ》」が必要になり、これには後には人工の柱・旗竿なども発明された。

小川直之は、この構成について、神が降臨する場としての標山と、神がよりつく依代・招代とを組み合わせる考えであると指摘する[29]。このような柳田国男や折口信夫の説を敷衍してみると、神がよりつくところとしては、樹木や柱などの依代の前は、聖なる森を再現した標山のような人工の山や塚であり、さらにそこから遡及すると聖なる森に辿りつくように思われる。

そして、標山や塚は、神がやどる本源の森の一部を使わずに、その森を象徴的に再現することで神をよりつかせるものに変化することで、新しい依代の型を生みだしたと考えられる。

なお、標山や塚は、聖なる森を象徴的に再現していることから、神がよりつく場であり、神木や柱は、神がよりつく物であるという相違はあるが、ともに神がよりつく対象であることから、本論考では、それらをまとめて「依代」とする使い方をしている。

6　第二次の聖なる森

柳田国男は、「塚と森の話」のなかで、「自分の意見では、森と塚と名を異にして実を同うするものである。世人は、森が本邦の神祇に関係のある事は知って、而かも其根源が塚に基いて居る事を忘却して居ると思ふ。」[30]と述べている。この森は、山地にある自然の森ではない。柳田国男は、『石神問答』のなかで、森のはじめは神を招いて祀った臨時の斎場と述べているが[31]、この森は神が降臨し示

26　柳田国男「片葉蘆考」『定本柳田国男集(27)』355—361頁（筑摩書房、昭和39年）
27　柳田・前掲注（2）14頁
28　折口信夫「髯籠の話」『折口信夫全集(2)』182—211頁（中央公論社、昭和40年新訂版）
29　小川直之「「依代」の比較研究」『国際常民文化研究叢書7　アジア祭祀芸能の比較研究』349—368頁（国際常民文化研究機構、平成26年）
30　柳田・前掲注（24）459頁
31　柳田・前掲注（2）118頁

現する場である。神がやどっている場ではなく、神がよりつく場所である。その意味で、このような森は塚なのである。神がもとからやどる聖なる森を第一次の森としたら、このような神が降臨し、よりつく森は、塚であり、第二次の森である。

同じ「塚と森の話」のなかで、「太初から天然の状態を保持して来たものの外に、或は平野の中に新たに神を祭らうとするものは、亦一定の土地を区画して、其地面を「タブー」したが故に、其処ばかりは草木が天然に生ひ繁り、二百年三百年の後には、其外観が始めから存在して居つたものと同じ様になって行った」[32]と述べ、聖なる森には、神がもとからやどっている聖なる森と、新たに平野につくりだした第二次の聖なる森があることを示している。柳田国男は、塚がこの第二次の聖なる森と性格を同じくするものと考えたのである。

『石神問答』のなかでも、柳田国男は、森について、「地を画して神の領域と為し、崇敬の極其草木に手を触れざるより百年を出ずして孤島のごとき小樹林を現出せしものなるべく　而も其の多くは当初土を封じ檀を築きたるものに相違なく候　多くの森は何程も平地より高からず候へども　平衍なる水田の中に立てる所謂田中の森の如きは　土を置かざれば到底出来まじきことに候　平原地方に所々の小樹林あり　苟くも森あれば必ず神あるは日本風景の一特色に有之候　小さき森にありては森ありて社なしとか檀ありて祠を立てずといふこと　地誌の記事によく見え候　荒神、地神、道祖神などに此例殊に多く候」[33]と述べている。

この森は人工の森である。外見は鬱蒼とした森ではあるが、もとは盛土をして塚や壇を築き、そこを禁足地としたことから、小樹林になったのである。つまり、もとは土を盛った塚ないし壇なのである。このような森には、荒神や地神や道祖神などが多く祀られているのである。前述したとおり、神がもとからやどる聖なる森を第一次の森としたら、このような神が降臨し、よりつく森は第二次の森である。第二次の森は、塚や標山と同じもので、聖なる森を象徴的に再現したものである。

このような第二次の聖なる森は、境界を守るためにつくられたのではなく、平野に下りて水田を拓いた移住開拓民とその稲作を加護することを願って、奥のほうの山地にある聖なる森を再現したもので、そこに山の神を祀ったものである。山の神の依代を境界を守るために用いるのは、これから派生した信仰である。

7　第二次の聖なる森と山の神

このような第二次の聖なる森は、平野の水田のなかや、村落や耕地の周辺の山麓につくられる。平野の水田のなかにある小さな森は、柳田国男が「田中の森」と呼んでいるもので、塚が発展して森になったものである。柳田国男は、『月曜通信』所収の「田の神の祭り方」のなかでも、山の神の

32　柳田・前掲注（24）459頁
33　柳田・前掲注（2）117―118頁

祭場として、「田のある谷《やつ》の高地に森があつて、山の神を祀って居る」ところのほかに、「山を背景とした田中の森又は杜」にも祀っているとも述べているが[34]、これは山の神の祭場が、水田のなかの第二次の聖なる森に遷されてきていることを示している。

「田中の森」の多くは、僅かばかり付近の地面よりも高くなっているが、これは盛土をしたためである。柳田国男が「塚と森の話」のなかで指摘するように、塚は神がやどる必要があることから、神聖なものでなければならない。このために、新しい汚れない土を盛ることが要件となるのである。平野のなかに新たに神を祀ろうとする場合には、一定の土地を区画して、清い土を盛って、その土地を聖域としたがゆえに、そこばかり草木が天然に生い茂り、二百年三百年の後には、そこが森の外観を呈するようになる[35]。これが水田のなかの聖なる森の起源である。

このほかにも、平野の森を切り拓いて水田をつくる場合には、その森の一部を区画して開拓から除いて、山の神の降りてくることを求め、そこを聖なる森として保存する場合もありえるように思う。村落や耕地の周辺の山麓の一部を区画して、そこに聖なる森をつくる場合もある。その土地を区画して聖域とすれば、そこはやがて森の外観を呈するようになる。これが山麓にある聖なる森の起源である。

柳田国男は、「世々の父母」のなかで、「一番大事な田圃の側には必ず森がありまして、山の神さんを祀ったりしております。その神さんはいつでも自分の田圃がよく茂って、虫のつかないように守りもすれば望みもする。」[36]と述べているが、これは水田の傍の森に山の神が祀られていて、それは山の神ではあるものの、平地の水田耕作を加護する神としても信仰されていたことを示している。

このように、開拓が進み、平野に水田を拓き、村落の周辺の山麓や水田のなかに聖なる森をつくり、そこに山の神を祀るようになったことは、山の神の性格に大きな変化をもたらすことになる。

8 村のなかの山の神

柳田国男は、『石神問答』のなかで、荒神や山神のなかには、社境界を定めて村落の氏神となっているものがあると指摘している。そして、荒神や山神で村の氏神となっている例として、因幡《いなば》地方で、荒神を氏神とする村落が43以上、山神を氏神とする村落が19以上もあると述べている[37]。このことは、山の神が山地を降りるなかで、その姿を変えて、村の神に変化したことを示している。

柳田国男がその変化に注目したのは、山の神が国津神の枠から踏み出して、天津神でもなく国津神でもない、村の神という第三の神に変化したと考えたからであった。そして、村の神は、祖神も山の神も、天津神も国津神も吸収して一元化するものと考えたからであった。村の神は、歳の神であるこ

34 柳田国男『月曜通信』『定本柳田国男集⒀』382頁（筑摩書房、昭和38年）
35 柳田・前掲注（24）464頁
36 柳田国男「世々の父母」民俗学研究所紀要第11集10頁（成城大学民俗学研究所、昭和62年）
37 柳田・前掲注（2）47頁、51頁

ともあれば、山の神や田の神となることもある。それは村の神がそれまでのあらゆる神を吸収した神であったからである。

そのため、村の神は本来、名前をもたない神であったと考えられる。柳田国男が『月曜通信』の「祖霊社」のなかで、「神の御本名ともいうべきものが全くしられず、ただ何氏の祀る神とか、何という土地において祀る神と言われていた。それはその村で祀る神が一柱であり、それ以外にないのであるから、特別の名前などは必要なかったのである。」[38]と述べているが、柳田国男が指摘するように、名前をもたないのは古い村落の中心の神の特徴である。村落の守護神の古型は、村落と村びとを守る全能の神であったから、特定の神名や機能分化した神名の必要はなかったのである。

小野重朗も、薩摩・大隅のモイドンを研究するなかで、山地の開拓民が平地に下りて耕作をするようになったことによる、山の神の変化に注目している。

モイドンとは薩摩半島の指宿《いぶすき》市、揖宿《いぶすき》郡を中心に分布している神、または神のやどる場所の名である。モイドンの森では、木を伐ることはもちろん、枝一本持ち出すことさえ許されない。モイドンの森は、それほど大きいものではないが、タブ、エノキ、クスなどの巨木がそびえ、深々と繁っている。

小野重朗の「モイドン概説」によれば、モイドンは樹木を神木としているが、原初には、特別の神体の樹木はなく、そこら一帯の森や藪を神がやどるところとして、祀っていたものだともいう。また、モイドンは同族の神であって、一つ一つの家が独立して家の祖霊をもつ以前の神であり、多くの家が集まって村を構成して村の神をもつ以前の神でもあると指摘する。これはモイドンが古い信仰形態の神を継承していることを示しているという。そして、当初生活をしていた山地から、農耕のために平地に降りてきて、そこで同族をつくった最初の人びとがもった信仰がモイドン信仰であるという。祖霊信仰というものは、原始的な山地の生活でははっきりした信仰をなしていなかったが、平地の農耕生活が進み、同族が確立するにともない、祖霊信仰も形成されてきて、その傾向が同族の神を祀るモイドンを生みだしたというのである。

モイドンおよびモイドンのあるモイヤマは、同族の農家の群から遠く離れているものではなくて、ほとんどがその近くにある。このことは古い同族の人々が、山から下りたところで、すぐ後ろに山を背にして住んだことと関係があるという[39]。

これらのことから、モイドンは第二次の聖なる森で、第一次の聖なる森は山地のどこかにあったものと推測される。それが山地から降りるにあたって、山の神は同族の神に変化したと考えられる。モイドンの神は、山の神が村の神や祖霊に変化する前の過渡的な姿であるように思われる。

このようにして、山の神は祖神と習合して、村の神に変化したのであるが、柳田国男はそこから更に祖霊が独立したと考えていたようである。柳田国男が『日本の祭』で「祖霊と村の神社との元一つであった」[40]と述べているように、村の神と祖霊とはもとはひとつの神であるところ、のちに、それぞれの家が、村の神のほかに、小さな祠をもつようになり、家ごとの祖霊を祀るようになっていった

38　柳田・前掲注（34）317頁
39　小野重朗「モイドン概説」『小野重朗著作集　南日本の民俗文化Ⅱ　神々と信仰』15―16頁（第一書房、平成4年）
40　柳田・前掲注（20）291頁

と考えていたようである。その原因は、中世以降の社会変化のなかで、氏族組織が変化して、もはや力強い大きな結合を必要としなくなって、家はだんだんに自然の形に近いものに縮小したことに求めているようであるが[41]、これは家が成立して、農作業が家を単位として行われるようになることにともなう変化とも考えられる。

この祖霊も村の神と同じように、天津神でも国津神でもない新たな第三の神である。そして、祖霊は村の神と同様に万能の神であり、祖霊は歳の神となってその子孫のところを訪れ、また山の神や田の神となって、その家の田畑に降りてくる。祖霊は村の神と同じようにそれまでのあらゆる神を吸収した神であったからである。

そして、祖霊を信仰する民は、国津神の民でもなく、天津神の民でもなく、それらを包括した「日本人」を形成すると、柳田国男は考えたのである。

柳田国男は、各地に存在する謎の神を通して、移住開拓が進み、移住開拓民が山地から平野に下りてきて、山の神の信仰が分散拡大し、やがて村の神に変化していくのを見いだした。それは山の稲作文化が平野に拡大することを意味していたのである。

41　柳田国男『氏神と氏子』『定本柳田国男集⑾』400頁（筑摩書房、昭和38年）

第3章

柳田国男がとりあげた各地の聖なる森

1　各地に残る聖なる森の種類

聖なる森は、かつては全国各地のどの村落でも、近くの山にあったのであるが、そのような聖なる森であったと考えられるところが日本各地に残っている。柳田国男は『石神問答』「塚と森の話」『山島民譚集』『海南小記』などの著作のなかで、それらを断片的にとりあげている。そこで、柳田国男がそれらをどのように考えていたのかをみていこうと思う。

なお、かつて聖なる森はどこの村落にもあったはずであるが、現在も残っているということから、それらは特に目を引く特徴的な景観を有していて、必ずしも聖なる森の代表的なものとはいえないかもしれないが、聖なる森の特徴を推しはかることのできる資料にはなるのではないかと思う。

『石神問答』でとりあげた神々の多くは境を守る神であることがわかったが、山の神や荒神という名前の神が必ずしも境界のところで祀られておらず、山中に祀られていることについて、柳田国男は注意を喚起している。『石神問答』でとりあげた神々のなかには、そもそも境界のところで祀られているものではなく、聖なる森の山で祀られていると思われる神々も多く含まれている。

柳田国男が、聖なる森やそのなかの特定の樹木に祀られている神々としてとりあげたと思われるものは、『石神問答』では、中部地方・関東地方などのミシャグジ神（御作神、御作口神、御左口神、社宮司）、中国地方の荒神、壱岐の矢保佐、薩摩の箭武左《やぶさ》神、筑前の天台藪佐、そして、奥羽の葉山権現、八山権現、羽山神などである。ミシャグジ神は、石を神体とすることが多いが、その神域には神木があって、柳田国男は『石神問答』の再刊の序で、ミシャグジ神は樹木の神であるとしている。荒神は山野を支配する神で、森にやどっていて、樹木に斎き祀られている神である。ヤボサ神は小さな森や藪に祀られている神である。また、葉山権現、八山権現、羽山神に共通するハヤマという言葉は、葉山、八山、羽山の漢字があてられるもので、奥山に対する村落近くの端の山の意味があり、ハヤマの神は、社も祠もない神で、村落近くの端山にある樹木の茂った森に祀られているのである。

『山島民譚集』では、沖縄諸島の御嶽の「ダケ」や「ヲガン」や、奄美大島の「ヲガミ山」「ウボツ山」などの聖なる森について言及している。沖縄諸島においては、毎年時期を定めて神が降臨する場所を「ダケ」または「ヲガン」といって、そこは高山の頂か、または人間が踏み込まないような林地であると述べている。そして、「ヲガン」とは、拝林であり、そこにおいて神を祀って拝するところであるとしている。奄美大島の「ヲガミ山」や「ウボツ山」については、祭の日には神がこの山から村落に降りてきて、その後、この山に帰ると述べている。

「塚と森の話」では、対馬の天道茂や沖縄の御嶽などの聖なる森について言及している。対馬の天道茂や天道地は、神が降臨したところで、社殿をもたず、鬱蒼とした森や、木々の生い茂った山や藪があり、そこに神がやどっているとされているという。また、沖縄には祭を行う「オガン」という場所が、村落ごとに一箇所または二箇所あって、その多くがなんらの建築物もなく、草木が繁茂し、幾分土を小高く盛り上げているところであると述べている。

これらの聖なる森の起源は、移住開拓に深くかかわっている。

柳田国男が『日本の祭』のなかで、「日本の二千六百年は、殆と一続きの移住拓殖の歴史だったと言ってもよい。」[1]と指摘したように、日本は移住開拓の長い歴史をもっていて、その移住開拓の先は、山間か平野の二方向であった。山間に向かった移住開拓民は、山地を切り開いて水田や焼畑をつくるにあたって、山地を占有している神（山の神）のやどる領域を聖なる森として区画し、その神を祀り、神の加護を求めたものと思われる。それが最初の聖なる森である。

耕地の開拓が山間から平野に拡大するにともない、移住開拓民は、山地から平野に下りてきて、そこに村落を移すことが行われる。そこで、新しい村落の近くの森を区画して聖なる森とするか、新たに盛土をして第二次の聖なる森をつくって、山地の聖なる森に祀っていた山の神に降りてきてもらい、平野での開拓の加護を願って祀るようになる。あるいは、塚や樹木や柱や岩石などの依代を設けて、そこに聖なる森の神をよりつかせて祀ることが行われるようになる。

小野重朗は、「奄美諸島の神山」のなかで、聖なる森の信仰の原型は、平地の森ではなく、山地の森であることが特徴で、その山も高山ではなく、村落の近くの低山であると述べている。小野重朗は、これを第一次の森と呼ぶ。一方、薩摩半島のモイドンや若狭のニソの杜などは、山ではなく、水田のなかにできた叢林または樹木であり、稲作の平地化とともに、村落に近い平地に、新たに聖なる森としてつくられたものだという。小野重朗は、これを第二次の森と呼んでいる[2]。

1　柳田国男『日本の祭』『定本柳田国男集⑽』２０４頁（筑摩書房、昭和37年）
2　小野重朗「奄美諸島の神山」谷川健一編『日本の神々　神社と聖地　13　南西諸島』91―92頁（白水社、昭和62年）

現在各地に残されている聖なる森のなかには、このような第二次の森も含まれている。そして、第二次の聖なる森に祀られている神の一部は、村の神へと変化している。それにともない、第二次の聖なる森は鎮守の森へと変わっているのである。

やがて、高山大岳を大地の中心とし、その地域を鎮護する神のやどるところとする山岳信仰が発展して、高山大岳を聖なる山とする考えが生まれてくる。このような高山大岳の神のなかには、高山大岳にある聖なる森にやどっているとされているものも存在している。

村落の近くの山からはじまった山の神信仰は、交通・流通の発達にともない、信仰圏を広い地域に拡大して、その結果、広い地域の中心となる高山大岳が選ばれ、村落近くの山にやどっていた神は高山大岳の頂へと移動する。山岳信仰の高山大岳にやどる神は、遠方から拝む対象になっていくのである。

現在各地に残されている聖なる森には、最初の聖なる森や第二次の聖なる森のほか、このような山岳信仰の森も含まれているが、詳しくはつぎの個別の検討のなかで触れてみたいと思う。

2　各地に残る聖なる森の実態

（1）東北地方のハヤマ（端山、葉山、麓山、羽山）について

ハヤマとは、端山、葉山、麓山、羽山などの漢字があてられるもので、奥山に対する村落近くの端の山の意味がある。田圃を見下ろせる姿の整った山のことが多い。本来のハヤマは高山ではなく低山である。ハヤマは山の名でもあり、山の神のことでもある。ハヤマは東北地方に多く分布している。ハヤマの神は、もとは社も祠もなく、村落近くの山にある樹木の茂った森に祀られていたのが本来の姿である。神社として社を備えているところもあり、その場合、羽山津見神とか羽山戸神などが祀られていることもあるが、これは記紀神話の神を明治以後に当てはめたものであり、本来、祀っていた神ではない。

ハヤマ信仰は、祖霊信仰とする説と作神（農業神）信仰とする説がある。

『石神問答』の末尾に掲載されている「現在小祠表」には、奥羽の葉山権現、八山権現、羽山神があげられている。葉山権現には、山形県の葉山に祀られている葉山薬師権現や、宮城県亘理郡山元町の葉山神社に祀られている葉山大権現（葉山祇神）がある。羽山神には、福島県金沢の羽山岳に祀られている羽山津見神や、福島県上手岡の麓山《はやま》に祀られている羽山祇命や、福島県木幡山の羽山神社があ

るが、これらはハヤマに祀られている神の一部であり、このほかにも多くのハヤマの神があるので、それらを代表するものとして、「現在小祠表」に掲げられたのだと思われる。柳田国男は、名前をあげているだけで詳述していないので、これらの神をどのように考えていたのかはわからない。『石神問答』にあげられている多種多様な神の本源が山の神にあったので、おそらく、当初はハヤマの神の本源も山の神にあると考えていたと思われる。ハヤマの神は、移住開拓した山間の水田を見下ろす山のところにやどっていると考えたのが最初の姿であろう。

しかし、後になって、柳田国男は、ハヤマの神を祖霊と考えるようになっている。柳田国男は、祖霊を村落近くの山にいて、そこから村落の子孫の生活と生業を見守っていると考えているので、ハヤマの神も祖霊と考えている。そのことは、岩崎敏夫が「『遠野物語の成立』はしがき」のなかで、岩崎敏夫がハヤマ調査の結果を論文にまとめて柳田国男に見せたところ、柳田国男が「君の調べているハヤマは、私が長年かかってやってきた祖霊の問題そのもののようだ。この中には自分の気付かなかったこともたくさんある。これで国つ神は祖霊でハヤマの神であることがはっきりした。」[3]と述べたと書いていることからも明らかである。

ハヤマに対する現地調査は、岩崎敏夫によって繰り返し行われており、その結果は『本邦小祠の研究』をはじめ多数の著作に発表されているので、最初に『本邦小祠の研究』に拠りながら検討を進めてみたいと思う。

岩崎敏夫が『本邦小祠の研究』に発表した調査結果の要旨は、つぎのとおりである[4]。

ハヤマ信仰の原初の形態は、よくわからないが、極めて古くから存在した信仰に、後世になって修験道が大きな影響を与え、それが時代の波に乗って発展し膨張し、現在の信仰の基礎をなした。

ハヤマの神の所在地は村落に近い山で、ハヤマの神を祀っている森は、村落から山に入ったばかりのところにある。奥山には祀られていない。村落にくまなく分布している。

ハヤマの神は、山の神の性格とともに作神としての性格も備えているが、その成立の基礎は祖霊にある。子孫の農作業の状況を見守り加護している。ハヤマの神の祭の中心は、ハヤマの神による託宣で、託宣によって、その年の作の豊凶をはじめ、広く吉凶を知らせている。

ハヤマの神は、山で祀られているが、山の神そのものでも田の神そのものでもない。山の神になれたり田の神になれたりするというだけで、その根源は祖霊にある。死者の霊は、死後に山に集まるという信仰が基層にある。

熊野や羽黒のような高山大岳の修験の信仰は、山神・作神の信仰を併せもっていて、祖霊信仰も含んでいるのは、古代において、ハヤマ信仰と同じ系統から分かれたものと推測される。古い時代に祖霊中心のハヤマ信仰が存在して、それが発展していくうちに、熊野とか羽黒とかの神が習合して、更にそれぞれ独立していったものである。現在のハヤマ信仰は、修験道の息のかかったものばかりであるが、成立の基礎は、はるか古代にまでさかのぼる。

以上が岩崎敏夫の『本邦小祠の研究』に発表された調査結果の要旨である。岩崎敏夫は、ハヤマの

3　岩崎敏夫「『遠野物語の成立』はしがき」『東北民間信仰の研究　上巻』74頁（名著出版、昭和57年）
4　岩崎敏夫『本邦小祠の研究』（名著出版、昭和38年）

神を祖霊とする柳田国男の説を忠実に踏襲している。ただし、古いハヤマの神は、山の神であり、或る程度の高さの山に祀られているとの指摘も見られるが、その点についての掘り下げた調査研究はなされていないようである。

これに対して、下野敏見は、「日本の森山の神」のなかで、福島のハヤマ信仰について、水の恵みをいただくために山の神を祀り、それが田の神としても祀られているもので、祖霊を祀る山とは関係がないと批判する[5]。

西海賢二ほか編『日本の霊山　読み解き事典』の「葉山」の項の説明を執筆した原淳一郎も、民俗学者のなかには、ハヤマ信仰は祖霊信仰であり、その祖霊が田畑の神となるとする者もいるが、現在のところ、その証拠はなく、作占《さくうら》における託宣儀礼に特徴づけられるように、作神《さくがみ》とするのが妥当であろうとして、祖霊信仰説を否定している[6]。

わたしが調査した福島県双葉郡富岡町の上手岡の麓山《はやま》（標高２３２ｍ）は、田畑が広がっている平地の端のほうに連なる低い山の一部で、山頂に奥の院の小祠があり山宮にあたるが、この山頂の森がハヤマ神の聖なる森であると考えられる。山麓に端山神社があり、鎮守の森があるが、これは里宮である。山麓から田畑が広がっているが、それを見おろす麓山にやどるハヤマの神に、その農作の加護を願っていたのであろう。

一般的に、神がやどる聖なる森が山頂付近にある場合、山麓に遥拝所や祭祀の場を設けることがある。わたしは、これが里宮の起源ではないかと考えている。また、その一部は、やがて第二次の聖なる森になったと推測している。

麓山神社には、麓山《はやま》（羽山《はやま》）祇命《つみのみこと》が祀られているが、山の神を祀るのが原型で、記紀神話の神名はあとからつけられたものだと思う。麓山神社は古くは麓山権現とも言われていたように、修験道の影響が強く、やがて山岳信仰の対象となり、そののちに祖霊信仰が付け加わって、山の神信仰と祖霊信仰が複合化したと思われる。毎年八月の盆には山頂で火を焚く火祭りが行われるが、それは五穀豊穣を願うとともに、死者の鎮魂と祖霊を祀るものであると考えられる。

（2）諏訪のミシャグジ神の森について

ミシャグジ、オシャグジ、オサグジ、サグジン、サゴジなどの神名で呼ばれ、左宮司、社宮神、御作神、作神、石神などの字があてられている神（以下「ミシャグジ神」という）は、柳田国男が『石神問答』を書くきっかけとなった謎の神で、諏訪地方を中心として、中部地方、関東地方に主に祀られている古い神であるが、その信仰の実体は十分に解明されてはいないことから、柳田国男はその神の信仰の起源について興味をもったのである。

調査の結果、柳田国男は、ミシャグジ神を境の神であることまでは解明することができたが、ミシャグジ神が樹木や石によりつく神で、人間にも憑依すると伝えられていることから、ミシャグジ神がど

5　下野敏見「日本の森山の神」『田の神と森山の神』177頁（岩田書院、平成16年）
6　原淳一郎「葉山」西海賢二ほか編『日本の霊山　読み解き事典』117頁（柏書房、平成26年）

のような信仰に基づくものなのかについて、『石神問答』の発表後もさらに調査研究をつづけたのである。

今井野菊の調査によれば、ミシャグジ神の祀られているところには、必ず古い樹木があり、その種類も藤、槻、松、ケヤキ、ハンノキなどいろいろである。そしてその樹木の根元には祠があって御神体として石棒が納められているが、何もなくて樹木自体が御神体というところもあるという。それらの樹木をミシャグジの樹とかお諏訪さまの樹とか呼んでいるという[7]。

そして、今井野菊は、長野を起点に関東・中部・近畿の一部にある2300余社を踏査した結果、このミシャクジ神が諏訪信仰の淵源であるとの結論にいたっている[8]。

藤森栄一も『銅鐸』のなかで、ミシャグジ神が祀られている祠には、たいていシャクジノ木またはミシャグジノ木という巨木がついていて、古くは社殿がなく、その巨木が憑代となってミシャグジ神が降りてきて、それを祀っていたと述べている[9]。

わたしが調査した諏訪や多摩のミシャグジ神の小祠も、森や林に囲まれていた。そして、山中ではなく、平地や台地や山麓に祀られていた。

柳田国男は、ミシャグジ神の祀られているところに必ず古い樹木があることに着目していて、その樹木は神がよりつく依代であり、よりつく神は木の神ではないかというように考えを発展させていった。

例えば、『神樹篇』のなかの「勧請の木」で、『石神問答』でとりあげた諏訪の御左口神や社宮司という神を再度とりあげて、「諏訪のシャクジは木主《もくしゅ》であった。」と述べ、諏訪には「樹下に神を講じ祀る風習」があって、神を降ろして依坐に憑かせ、神意を知ろうとしていたという[10]。

また、『信州随筆』の「御頭の木」のなかで、『石神問答』でとりあげた左宮司や左口神という神に再び言及している。ここでも、左宮司や左口神は説明しがたい信仰としているが、御頭左宮司という小祠の神と「御頭の木」というものをとりあげて、これは境界を示す標木であるとともに「木の神」の依代であると述べている。境界争いを防ぐために、当該地域で最も尊敬されている諏訪信仰の御神木を境界の標木として用いるようになったものだという[11]。

そして、各地の樹木の依代によりつく神の本体を「木の神」として、それを諏訪大社の神にまで遡ろうとするのである。このことは、『石神問答』を再刊したときに付した「再刊序」で、「あれから信州諏訪社の御左神《おさくじん》のことが少しづつ判って来て、是は木の神であつたことが先づ明かになり、もう此部分だけは決定したと言ひ得る。」と述べていることからもわかる[12]。

ところで、聖なる森の神の信仰には、①聖なる森に神がやどるとして、聖なる森そのものを聖地と

7　今井野菊へのインタビュー「御左口神祭政の森（上）」古部族研究会編『日本原初考　古代諏訪とミシャグジ祭政体の研究』290―291頁（人間社、平成29年）
8　今井野菊「御作神」「御社宮司の踏査集成」古部族研究会編『日本原初考　古代諏訪とミシャグジ祭政体の研究』182頁、212―281頁（人間社、平成29年）
9　藤森栄一『銅鐸』165頁、180頁（学生社、昭和39年）
10　柳田国男『神樹篇』『定本柳田国男集⑾』48頁（筑摩書房、昭和38年）
11　柳田国男『信州随筆』『定本柳田国男集㉒』242―261頁（筑摩書房、昭和37年）
12　柳田国男『石神問答』『定本柳田国男集⑿』4頁（筑摩書房、昭和38年）

する信仰と、②聖なる森のなかの特定の樹木に神がやどるとして、それを神木とする信仰とがある。わたしは、聖なる森の神の霊力を集中させたものが神木であり、神木は聖なる森の断片だと考える。それが依代の原型となったと考えているが、それは当初、依代のように神がよりつくものではなく、神の霊力が集中するもので、山の神が聖なる森から移動するときに、それが山の神がよりつく依代へと発展したと考えている。これに対して、塚や壇は、樹木や柱と異なり、聖なる森の象徴的な再現であり、そのことにより、山の神がその場によりつくのである。塚や壇と、樹木や柱は、山の神がよりつくものであるから、広義の意味ではともに依代であるが、塚や壇は山の神がよりつく場であり、樹木や柱はよりつく物であるという相違がある。

神木や柱が聖なる森の断片だとすると、その樹木や柱によりつく神は、聖なる森にやどる神ということになる。ミシャグジ神を木の神とか木主とすると、その根源は聖なる森にやどる神にまで遡る。それでは、ミシャグジ神が本来やどっていた聖なる森は、どこにあるのであろうか。

柳田国男は、「塚と森の話」のなかで、「信州の諏訪の上宮とか、又は奈良の春日社といふ如き、太初から天然の状態を保存して」いて、「其土地を神聖なる場所」としていると述べていることから[13]、諏訪大社上社の奥に神体山の守屋山があるので、聖なる森はその山にあったのではないかと思われる。

諏訪大社上社の神官の守矢家の敷地のなかに叢林があり、そこに祠があって、総社御左口神(ミシャグジ神)が祀られているが、この叢林は平地にあることから、第二次の聖なる森であろう。

諏訪大社下社秋宮及び春宮の社殿地には、拝殿のうしろに宝殿二棟がならび、その二棟のうしろに御神木としてイチイの木や杉の木があるが、ここも平地に位置しており、第二次の聖なる森と思われる。

諏訪大社四社の社殿と総社御左口神の祠の敷地の四隅には、それぞれ素木の柱（御柱）が立てられていて、この御柱は聖なる森から伐り出されたその断片と見ることもできるが、御柱で囲われた地を、聖なる森の象徴的な再現であると見ることもできる。

現在、諏訪大社上社の御柱木は、八ケ岳の一峯・赤岳の前山である阿弥陀岳に連なる尾根の先端・御小屋山から伐り出されていて、下社の御柱木は、霧ヶ峰の八島ケ原湿原を水源とする観音沢の源流域周辺・東俣国有林から伐り出されており、櫻井弘人はその地を「山の神が住まう聖地」とみなされていたと述べている[14]。ただし、そこは遠方の高山であることから、ミシャグジ神を祀っている聖なる森のある山とは限らないように思う。

ところで、諏訪系の神社では、その敷地の四隅に御柱を立てているところが多く、それも聖なる森の象徴的な再現と考えられるので、ミシャグジ神の第一次の聖なる森は、諏訪四社のもののほかにも多数あったと思われる。ミシャグジ神が全国に数多く祀られているということは、全国にも開拓を契機として生まれた聖なる森が多数あったことと、そして平地や台地や山麓には第二次の聖なる森が多数あったことが推測される。そこにはかつて山の神を祀る聖なる森であったことを素地として、後に

13　柳田国男「塚と森の話」『定本柳田国男集⑿』464頁（筑摩書房、昭和38年）
14　櫻井弘人「諏訪系神社における御柱祭の受容と展開」伊那民俗研究第29号96頁（柳田国男記念伊那民俗研究所、令和4年）

諏訪信仰を淵源とするミシャグジ神を受け入れたことを物語っているように思われる。

なお、金井典美は「諏訪信仰の性格とその変遷―諏訪信仰通史」のなかで、ミシャグジ神は「一種の地荒神であり、一族が土地をはじめて開墾して、山林や湿地を開いて農地や宅地・墓地などを作った際、一部の土地を土地神の最後にやどる場所として残した聖所であったとおもわれる。」[15]と述べているが、柳田国男も、ミシャグジ神を木の神という場合のほかに、土地の神という場合がある。土地の神とする場合としては、例えば、『石神問答』のなかで、「多数の摂社末社又は寺院の守護神伽藍神など称する小祠の中には　略〻一定の種類あり　荒神山神稲荷などは其最なるものとす　……大抵は地鎮の意味を有するものなり　此状の記事に依るもシャグジが一種の地神なるべきことは想像し難からず」[16]と述べていて、ミシャグジ神は土地を占有する「地神」であるとしている。

『地名の研究』のなかでも、以前に、社宮司《しやぐじ》という謎の神について『石神問答』という本を書いたことがあるが、それから後にわかったことは、その神の信仰は「信州の諏訪が根元で、今は衰へてしまった土地の神の信仰では無いか」[17]と書いていて、ミシャグジ神を土地の神であるとしている。

「山民の生活」でも、ミシャグジ神について、「シャグジと云ふ神がある。東海道の諸国では古来各村に祀って居ります。……駿河などにはシャグジは土地を守る神だとか又は土地丈量に用ゐた器具を埋めた場所だという伝説があります。」[18]と述べていて、やはりそれは土地の神だとしている。

聖なる森にやどる神について、森や樹木に着目して「森の神」とか「木の神」というときのほか、森のある土地を占有しているということに着目して「土地の神」ということもあるが、森と山、あるいは、森と土地は、そこに神がやどることにより不可分の関係となるので、「土地の神」は「森の神」

や「木の神」でもあり、「山の神」でもある。移住開拓民にとって、開拓の対象は山地の森で、山の神は山地の森を占有していて、そこにやどるものととらえていたから、その山地の森を聖なる森として、禁域としたのである。

（3）若狭大島のニソの杜について

和田正洲は「聖地観」のなかで、若狭の聖なる森について、つぎのように述べている[19]。

若狭には、ダイジョウゴ、地の神、地主さん、荒神、モリさん、若狭大島のニソの杜などと呼ばれる聖地があり、同族神が祀られている。

美浜町新庄のダイジョウゴには、一例を除いて祠はなく、岩石やタモ・カシ・ケヤキ・ツバキその他の樹木があるのみである。

15　金井典美「諏訪信仰の性格とその変遷―諏訪信仰通史」古部族研究会編『日本原初考　諏訪信仰の発生と展開』68頁（人間社、平成29年）
16　柳田・前掲注（12）24頁
17　柳田国男『地名の研究』『定本柳田国男集⒇』65頁（筑摩書房、昭和45年）
18　柳田国男「山民の生活」『定本柳田国男集⑷』501―502頁（筑摩書房、昭和38年）
19　和田正洲「聖地観」日本民俗研究体系編集委員会編『日本民俗研究体系　第二巻　信仰伝承』162頁（国学院大学、昭和57年）

若狭大島には、タモの木などを中心にした森があり、森全体が聖域とされている。そのような森が31箇所あり、大島の24宗家の開拓祖先を祀ったところと伝えられていて、古墳や塚上にあるものが4箇所で、墓地に関係するものが5箇所で、埋葬地になんらかの形で関連をもっているとのことである。柳田国男は、この聖なる森に祀られているのは、祖霊だと考えている。

徳丸亜木は、『「森神信仰」研究史と文化複合論』のなかで、柳田国男にとってこのニソの杜は森神信仰と祖霊信仰の関係を検討するにあたって、欠くことの出来ない象徴的な事例とされていたもので、昭和24年1月の第34回民俗学研究所研究例会では、鈴木棠三のニソの杜の研究報告がなされ、柳田国男からニソの杜問題の重要性が指摘されたことを紹介している[20]。

このころ、柳田国男は、ニソの杜についての検討を続けており、安間清編著『柳田国男の手紙—ニソの杜民俗誌』に収録されている昭和24年10月20日付けの安間清宛ての書簡のなかでも、「「ニソの森」と称する霊地、各株に属して存在し、それは氏神に対する氏の森ともいふべきものらしく」と述べ、「同じ若狭にても三方郡新庄村及周辺にては、この十一月二十三日をダイジョウゴ又はダイジゴンなどと申し、或家は屋内の祭場もあれど他の家々には大島のニソの森の如き樹林地に行きて祖神をまつるもの有之、この二地の風習は関連あり」[21]と述べて、調査依頼をしている。

徳丸亜木によれば、柳田国男は昭和25年の民俗学研究所第55回研究会で、「ニソノモリは石塔のないころのマイリ墓ではなかろうか。十津川賀名庄の四十八森も同じだとなれば面白い。美作の荒神森というのが氏神だということは最近わかったが、もう少し調べる必要がある。日本の固有信仰はこの両墓制の問題を明らかにしなければ先に進む事ができない」とその関心のあるところを述べたという[22]。

両墓制とは、死者を埋葬した葬地（埋め墓）と、死者の霊魂の祭祀を行う祭地（詣り墓）を分ける葬制で、徳丸亜木は、柳田国男がニソの杜のような樹林地を両墓制の詣り墓の先行形態と考えていたという[23]。柳田国男は、ニソの杜に祀られている神を祖霊と考えていることから、ニソの杜を祖霊の祭地と位置づけたのである。しかし、柳田国男は、祖霊の居処をニソの杜とは考えていなかった。祖霊は居処である山から降りてきて、その麓で子孫によって祀られるというのが、ニソの杜のはじまりと考えていたのではないだろうか。

最上孝敬は、柳田国男の説を継承して、「両墓制について」のなかで、ニソの杜は先祖を祀る場所で、屋敷つづき、または屋敷から少し離れたところに、祠などが設けられており、神聖な土地としてそこの樹木の伐採をつつしむことから、しばしばこんもりと繁った森になっていると述べ、詣り墓より一つ前の祖霊の祭地として位置づけている[24]。最上孝敬は、ニソの杜を第二次の聖なる森と重ねてとらえているように思われる。

これらの祖霊祭地説に対して、直江廣治は、『民間信仰の比較研究』所収の「「ニソの杜」信仰とそ

20 徳丸亜木「『森神信仰』研究史と文化複合論」比較民俗研究6号66頁（筑波大学比較民俗研究会、平成4年）
21 安間清編著『柳田国男の手紙―ニソの杜民俗誌』27頁（大和書房、昭和45年）
22 徳丸・前掲注（20）67頁
23 徳丸・前掲注（20）68頁
24 最上孝敬「両墓制について」民俗学研究第二輯31頁（日本民俗学会、昭和26年）

の基盤」のなかで、すべてのニソの杜が宗家の初祖を祀るものではなく、宗家の初祖を祀るという信仰と、ニソの杜の神として地神系統の地神・荒神・山の神を祀る信仰とが、併存していると述べている[25]。直江廣治の持論は、土地にはそこを占有している神がやどっていることから、土地を田畑に拓こうとする場合には、土地の神の許可を得るか、時には先住の神を封じ込めることが行われるが、この過程で、開拓先祖を祀ることが行われ、土地神信仰と祖霊信仰が習合したとするものである。直江廣治は、ニソの杜を本来の聖なる森と考え、ニソの杜に祀られている神についても、この枠組みでとらえようとしているのである。

これらの祖霊祭地説に対して、下野敏見は、『田の神と森山の神』所収の「稲と森の問題」のなかで、ニソの杜は祖霊を祀るところではないとして、水田や屋敷地を拓くときに、地霊を中心にそのあたりにひそむ諸霊を一本の聖樹を依代として祀ったところがニソの杜だと主張する[26]。

ところで、小野重朗は、聖なる森の原型について、平地の森ではなく、山地の森であることが特徴で、その山も高山ではなく、村落の近くの低山だとするのであるが、小野重朗はこれを第一次の森と呼び、現在のニソの杜は、稲作の平地化とともに、村落に近い平地につくられたもので、これを第二次の森と呼んでいる[27]。

安間清編著『柳田国男の手紙——ニソの杜民俗誌』に収録されている安間清の「福井県大飯郡大島村民俗誌」によれば、大島村全体の産土神《うぶすな》は、現在は海辺寄りの森のなかに祀られているが、遠い昔にはずっと奥深い山のなかに祀られていて、村落ももとは現在の位置にあったのではなく、かつては村落の背後の山のなかにあったと報告している[28]。このことは、本来の聖なる森がニソの杜のところではなく、背後の山のなかにあったことを示すものである。

これらのことを踏まえると、わたしは、ニソの杜が成立した事情とは、つぎのようなものではなかったかと推測している。

ニソの杜に祀られていたのは、もとは山の神で、祖霊となるのは、その後の変化だと思われる。若狭大島のもとの村落と耕地は、山を開拓してつくられたもので、そのときに開拓の許可と加護を願って、山にやどっている神を聖なる森に祀ったのが、ニソの杜の神の原型である。その山の神がやどる聖なる森は、村落の背後の山の中にあったと推測される。そして、山の神による死者の鎮魂を願って、その場所を葬地としたのである。その後、開拓民が山地を下りて、平地に水田を拓くようになったとき、山の神を現在のニソの杜のところの樹木を依代として移して祀るようになった。つまり、現在の村落の背後の山のなかに、最初の聖なる森があり、現在のニソの杜は、平地に移住する際に設けられた第二次の聖なる森なのである。

その後、第二次の聖なる森は祖霊がやどる森となり、祖霊はそこで祀られるようになったのである。

25 直江廣治「ニソの杜」信仰とその基盤」『民間信仰の比較研究』106―114頁（吉川弘文館、昭和62年）
26 下野敏見「稲と森の問題」『田の神と森山の神』111頁（岩田書院、平成16年）
27 小野重朗「奄美諸島の神山」谷川健一編『日本の神々　神社と聖地　13　南西諸島』91―92頁（白水社、昭和62年）
28 安間・前掲注（21）74頁

（4）中国地方の荒神森について

柳田国男は『石神問答』のなかで、荒神について、「荒神は正しく山野の神にして　其数の多きこと亦東国の山神と同じく候　殊に注意すべきは出雲美作に限らず　多くの荒神には全然社殿なきことに候　社殿を立てざる神は荒神の外に道祖神山神姥神大将軍などにも其例有之……地を画して採樵を禁ずるが故に　自然に所謂杜を為し居り候」[29]と述べて、荒神は森にやどっていて、山野を占有する神であるとしているが、『石神問答』の別の箇所では、荒神のなかには社境界を定めて村落の氏神となっているものがあると指摘していることから[30]、柳田国男は、荒神の原初形態を山の神と考え、それがやがて村の神に変化していったと考えていたと思われる。

和田正洲は「聖地観」のなかで、荒神は中国地方の聖なる森で祀られている神で、その森の木を伐ると祟りがあるとの伝承があるとしている。例えば、西石見地方鹿足《かのあし》郡の旧家や本家では、荒神、藪神、森神などが祀られていて、荒神森の多くは屋敷続きの裏山にある。そこは神聖視された森または藪であり、また先祖の墓地に接している荒神森もあるという。美作の荒神には、集落単位、近隣単位、家単独で祀る荒神があり、その多くは森のなかにあり、その森を荒神フロと呼んでいる。荒神が祀られている場所は、山麓がもっとも多く、山の中腹、山頂、谷から田にそそぐ水のかかり、田のなか、川のほとり、路傍などにもあるという[31]。

これらのことから、荒神は山の神と同じような山にやどる神で、山地を開拓したさいに、開拓と農作の加護を求めて、聖なる森を拓き残して、そこに祀っていたものが原型であることがわかるが、そのなかには平地につくられた第二次の聖なる森にやどる荒神も含まれている。屋敷につづく裏山にある荒神の森は、この第二次の聖なる森と思われる。

直江廣治は、『屋敷神の研究』や『民間信仰の比較研究』などで、中国地方の荒神及び荒神森をたびたびとりあげている。直江廣治は、移住開拓のなかで開発先祖を守護神とする荒神の信仰が成立し、それが祖霊信仰に発展したと考えている。これは柳田国男の考えに近い。

直江廣治は、『屋敷神の研究』のなかで、移住開拓民が居住地を選定するさいに、飲料水と燃料の確保と、外敵からの防御、農耕適地を控えていることなどの条件を充たすものとして、背後に山を負い、前面に耕地が広がる場所を選ぶことが多いことから、屋敷の裏山か或いはやや離れた持ち山の森（荒神森）のなかに、開発先祖の墓を設けて、それを一族の守護神として祀ることになったとする。そして、この守護神が屋敷神であり、荒神であるという[32]。

また、『民間信仰の比較研究』所収の「西石見の森神信仰」のなかで、荒神森が先祖代々の墓地に近接して設けられている事例が多いということに着目して、荒神森は祖霊を祀る祭地と位置づけている[33]。

直江廣治は、移住開拓によって聖なる森の荒神森が成立したとの認識に立ちながら、荒神森に祀ら

29 柳田・前掲注(12)49頁
30 柳田・前掲注(12)47頁
31 和田・前掲注(19)１６２―１６３頁
32 直江廣治『屋敷神の研究』３２５―３４６頁（吉川弘文館、昭和41年）
33 直江廣治「西石見の森神信仰」『民間信仰の比較研究』75頁（吉川弘文館、昭和62年）

れているのは開発先祖（祖霊）＝荒神としたために、山の神＝荒神とする視点をもつことはなかった。その原因は、直江廣治が研究対象とした荒神森には、第二次の森がかなり含まれていたことから、山の神としての荒神信仰より、開発先祖（祖霊）としての荒神信仰のほうに焦点があたったものと考えられる。

直江廣治が『屋敷神の研究』のなかで、移住開拓民が居住地を選定するさいに、背後に山を負い、前面に耕地が広がる場所を選ぶことが多いと述べていたことは前述したが、これは直江廣治の意図と異なり、当初生活していた山地から、農耕のために平地に降りてきて、そこに居住地を選定しようとする姿である。そして、その平地の端の森を第二次の聖なる森（荒神森）として神を祀ったものである。

第一次の聖なる森（荒神森）は、当初生活していた山地にあると推測される。そこでは、山の神のような森や土地を占有している神を祀っていたと考えられる。

直江廣治のように荒神森を開発先祖などの祖霊を祀ったところであるとする立論に対して、下野敏見は、「稲と森の問題」のなかで、九州北部・中国地方の荒神森について、そこに祀られている神は祖霊との関係はなく、開拓時にそのあたりに漂っていた地霊やむかしの無縁仏をふくむ諸霊を一本の神木に集めて祀ったものだと指摘する[34]。下野敏見の持論は、聖なる森に祀られている神を、開拓時にそのあたりに漂っていた樹霊や地霊などの諸々の精霊を一箇所に祀ったものが中心で、それにあとから祖霊などの様々な神格が付着または派生したとするものである。

白石昭臣は、中国地方の荒神を、焼畑耕作民の森神信仰に由来するものととらえている。白石昭臣は、『日本人と祖霊信仰』のなかで、古くから死霊を祀るという観念は存在していたが、祖霊として意識されてくるのは、支配層においては5世紀中葉以後、庶民にまで拡大するのが6世紀中ごろだという。そして、祖霊信仰の前に、荒神、大元神、山神などといった樹木に神を祀る森神信仰があって、その森神によって死者を鎮魂・浄化するようになっていき、後にそれを祖霊として祀るようになっていったという[35]。

白石昭臣の『畑作の民俗』によれば、焼畑耕作民が信仰する神は山の神で、山との境の樹木や祠に祀られていたという。荒神や大元神の原型も山の神だという。そして、焼畑・畑作地区は、稲作をともなうところでも、山に墓地を設けているが、それはかつて山の神がやどる山の神木のところに、死霊を斎き祀り、浄化させて祖霊へと高める儀式が行われていたためだという[36]。

中国地方の荒神森には、このように、第一次の聖なる森と第二次の聖なる森とが混在している。そして、白石昭臣は、平野の水田開発にともない第二次の聖なる森がつくられ、山の神による鎮魂の対象であった死者は祖霊へと変化して、祖霊信仰が始まったとする。柳田国男は、平野の水田開発にともない第二次の聖なる森がつくられ、山の神は村の神に変化し、そこから更に祖霊が分化するという道筋を考えていた。白石昭臣の考える祖霊信仰の形成と、柳田国男の考えた祖霊信仰の形成では、異なるところがあるが、第二次の聖なる森の神として、最終的には祖霊が祀られるようになったとするところは共通しているのである。

34 下野・前掲注(26)111頁
35 白石昭臣『日本人と祖霊信仰』14頁・27頁(雄山閣、昭和52年)
36 白石昭臣『畑作の民俗』136―141頁(雄山閣、昭和63年)

（5）対馬のシゲについて

柳田国男は、「塚と森の話」のなかで、対馬の茂《しげ》について、神に縁故のある土地として拓き残した場所であると指摘している。神が占有するところであるので、「多くの森が如何に農業に熱心なる農民からも一鍬でも犯されずに今迄存続して来たのである。」[37]と述べていて、そこが聖なる森であることが確認できる。このような場所を、山中の村では、神の占有するところとして奏上するという意味で「アゲ」と呼び、対馬では「シゲ」と呼ぶという。そして、対馬の厳原《いづはら》町の一区画を「天道茂」といっているが、これは対馬で信仰されている「天道神」という神の「茂」であると指摘している。「天道茂」とは、天道神を祀る森のことを言うのである。

柳田国男は、大正5年に発表した「上げ山の風習」のなかでも、この「茂」を再びとりあげている。そして、対馬では、このような聖地または霊地が多く、茂地または祟地といって、開墾することが避けられていると述べている。このたぐいの霊地は島に充満していて、これをオソロシドコロといい、また御前《みさき》ともいって、多くの塚や岩石が残されていて、それに触れれば祟りありと伝えられていると述べている。そして、「天道茂」と呼ばれている場所は、「天道神」という神を祀るところで、社殿はなく、鬱蒼たる樹木のもとに累石檀、磐境、環状列石がみられ、なかには何も置かない森や丘だけのところもあるという[38]。

ただし、柳田国男は、シゲといわれているところで祀られている神について、これ以上のことは述べてはいない。

対馬は、陸地のほとんどが山林で占められている山島である。稲作は山間の谷川上流に拓かれた小規模の湿地水田に限られ、耕地の多くは畑で、山地の緩斜面に拓かれた焼畑に限られていた。主食の麦その他の雑穀は、おそらく焼畑で作られたものと考えられる。魏志倭人伝にも「土地は山嶮《やまけわ》しく、深林多く、道路は禽鹿《きんろく》の径《こみち》の如《ごと》し。千余戸有るも、良田無《な》く、海物を食して自活し、船に乗りて南北に市糴《してき》す。」と書かれているように、古代の対馬の生業は焼畑のほかには漁業と交易であった。

わたしが対馬を踏査した経験では、対馬には柳田国男が指摘するような聖域・禁域が、高山・低山・山麓それぞれに多く存在している。さらにそれが対馬固有の天道神信仰の聖地と重なっているところが多い。

山については、高山低山を問わず、山自体が御神体とされ、神が住むところなので、人が立ち入ることは許されず、木も伐ることができない。山麓についても、シゲやオソロシドコロなどの森に囲まれた神域・禁域がある。

これらは、移住開拓民が山地に焼畑をつくるとき、山の神に開拓の許可と加護を求めて、神のやどるところを開拓から除いて、聖なる森の禁域としたためであると考えられる。

白石昭臣も『農耕文化の民俗学的研究』のなかで、対馬は山島であり、陸稲を含む畑作を主とする

37　柳田・前掲注（13）462頁
38　柳田国男「上げ山の風習」『定本柳田国男集(27)』409―411頁（筑摩書房、昭和39年）

地域で、かつては焼畑も盛んであったことから、山畑の文化が基礎になっていると指摘している。そして、山野を開拓して畑をつくるには、山の神の保護とその占有する土地の割譲を求めることが前提であり、このために島のあちらこちらに、山の神の占有するところとして拓き残した、「茂」という聖なる森が存在しているとする[39]。

①山麓の聖域

山麓の聖域の一部は、シゲと呼ばれていて、シゲの神が鎮まっている聖なる森である。シゲという語の本意は樹木の茂ったところと解されていて、たいていは暗い照葉樹林になっている。その境域を茂地と書き、不入の禁足地になっている。そこの木を伐ると病気や不幸がもたらされるとする禁忌をともなっている。照葉樹の林のなかに、簡単な石塚があり、御幣の立っているところもある。

シゲに天道神を祀っているところも多く、これを天道茂と称しているところもある。その場合には、森のなかの特定の老樹を神木として、その樹に注連縄を掛けたり、根元に幣を立てた例もある[40]。ただし、シゲは一般的に広く聖域を意味するものであり、「天道神」のシゲに限定されるものではなく、そのほかにも対馬固有のヤブサ神や寄神《よりがみ》のシゲも存在している[41]。

山麓の聖域には、シゲのほかにも「オソロシドコロ」や「不入坪(イラヌツボ)」や「タッチョウモト」などさまざまな聖なる森が存在している。

柳田国男がオソロシドコロと言っているのは、天道山のひとつの竜良《たてら》山麓の浅藻《あざも》にある「八丁角」と呼ばれる聖地のことと思われる。山麓の深い森のなかに、ピラミッド状の石を重ねた祭壇があり、天道法師の墓と伝えられているが、神がよりつく塚の一種ではないかと思われる。この墓を中心とする方八丁（約1キロ四方）の区域が、オソロシドコロといわれていて不犯不入の聖地であった。

竜良山麓には、このほか多久頭魂《たくつたま》神社の森があり、神域には小さな社があるが、本殿はなく、森だけの聖地で、その一部が不入坪（イラヌツボ）と呼ばれており、そこにも小型ではあるが、ピラミッド状の石を重ねた祭壇があり、不犯不入の聖地となっている。

②天道神

天道（天童）信仰とは、対馬の民俗信仰の代表的なもので、天道神は、元は天童と言われており、太陽神（日神）の御子で、神聖な樹木や神山に降臨する神とされている。

天道神について、永留久恵は、対馬の古い村落では、どこでも「テンドウ」または「シゲ」と称する聖林があり、村ごとに祭りを行っていて、そこに祀られていたのが天道神であるという[42]。また、天道神は、天道山に天降ったとの伝承があるという[43]。

三品彰英は、天道神について、村里を少し離れた神聖な樹林に来臨した神的存在で、「村々の守護

39 白石昭臣『農耕文化の民俗学的研究』236―237頁（岩田書院、平成10年）
40 永留久恵『海神と天神―対馬の風土と神々』109―110頁、白水社、昭和63年）
41 鈴木棠三「対馬における一二の問題」『対馬の神道』117頁（三一書房、昭和47年）
42 永留久恵『海童と天童―対馬からみた日本の神々』182頁（大和書房、平成13年）
43 永留・前掲注（40）159頁

神であり境界の神である」と述べている[44]。

これらのことから、天道神信仰の原型は、太陽神（日神）信仰で、海洋性の移住開拓民が信仰する祖神と考えられる。天道山や天道地に天降ったとの伝承があることから、もとからその土地に常在していた神ではなく、移住開拓民が持ち込んだ神と思われるが、その多くは、聖なる森において、対馬の在来の神である山の神と習合して、村の神になったものと推測される。

対馬には、天道神や天照大神とは異なる太陽神（日神）も数多く祀られている。例えば、阿麻氐留《あまてる》神社には「アマテル」という神が祀られており、これは天照る神に違いない。また、かつては「オヒデリサマ」と呼ばれる神が村々に祀られていて、現在は祭りも途絶えた所が多く、名称も廃れかけているが、阿連《あれ》の村落の奥にオヒデリサマがやどる聖なる森があり、川の淵に小祠が残っている。この神は本来社祠がなく、日照りの神で、禁忌にふれると祟りがきびしいという[45]。このほか、対馬の村々には、天神神社と称する小祠がいくつもあるが、これらは天の神という意味で、菅原天神とは関係がない。これらの天神のなかにも、アマテルあるいはオヒデリサマと呼ばれたものが含まれていたらしい[46]。これらの多くは海洋性の移住開拓民が信奉する祖神であったと推測される。

なお、和歌森太郎は、天道神は天道山という極度の聖地の神で、それを集落の近くから遥拝するために、拝所としての聖地を区画したのがシゲであるという[47]。すべてではないが、山麓のシゲのなかには、そのような拝所が含まれている可能性はあるように思う。拝所は第二次の聖なる森の起源のひとつでもある。また、和歌森太郎は、シゲ地・天道地には祖霊のこもるところとか祖霊の祭りの場という面もあると指摘している[48]。おそらく、かつて神の鎮まる天道地の近くに死体を葬って鎮魂と浄化を願ったことから、やがてそれが祖霊へと発展したものと思われる。

例えば、対馬の浅藻は全域が不入の聖地で、天道地やシゲ地と称されていて、そこの浅藻の浦という入江は、人の住むことを許さぬ清浄の神地とされていたが、その入江の一部は卒土《そと》が浜と呼ばれていて、埋葬地であったという[49]。

（6）壱岐・対馬・九州西岸のヤボサについて

ヤボサ（またはヤブサ）はもと一種の叢祠《そうし》ないしは神地の称であり、そこにはヤボサ神が鎮まっていると考えられていた。

柳田国男は、『石神問答』のなかで、謎の神のひとつとして、壱岐の矢保佐社をとりあげている。『石神問答』の末尾に掲載されている「現在小祠表」には、壱岐の矢保佐のほか、薩摩の箭武左神、筑前

44 三品彰英「古代祭政と樹林」『建国神話の諸問題　三品彰英論文集第二巻』２４９頁（平凡社、昭和46年）
45 永留・前掲注（40）３５６頁
46 永留・前掲注（40）３５７頁
47 和歌森太郎「対馬の天童信仰」『神ごとの中の日本人』１６４頁（昭和47年、弘文堂）
48 和歌森・前掲注（48）１７２頁
49 谷川健一は「対馬では豆酸という集落の北にある卒土が浜も、かつては埋葬地であったのではないかと考えられている。」（『常世論』10頁（平凡社、昭和58年））と指摘しており、永留久恵も前掲注（40）１４８頁で「卒土《そと》とは境外であり、本来葬地だったのではないかと思われるふしがある。」と述べている。

いない。

の天台藪佐も記載されている。柳田国男は、名前をあげるだけで詳述していないので、ヤボサ神をどのように考えていたのかはわからない。おそらくはじめは、他の神と同様に、森や土地の神と考えていたと思われる。その後、柳田国男がどのように考えるようになったのかを知る手がかりは残されていない。

岡谷公二の『原始の神社を求めて―日本・琉球・済州島』によれば、現在、ヤボサ神は、壱岐・対馬から九州西岸のほぼ全域、薩南に至るまで広く分布していて、小さな森や藪のなかで祀られているが、なかには社の形をとっているところもあるという。ただし、そこに祀られている神が何なのかは、明らかではないという[50]。

折口信夫は、「雪の島」で壱岐の信仰に言及しているが[51]、そのなかで、「島に多く居る精霊」としてヤボサをとりあげている。折口信夫は、壱岐には矢保佐・矢乎佐という社が多くあるが、むかしはもっと多数あったという。対馬のヤボサは、岡の上の古墓で、「より神」といわれているが、それは「古墓の祖先の霊」で、よりつくので「より神」というのだろうとしている。この対馬の例から推して、壱岐のヤボサも元古墓で、祖霊のいるところと考えられていたとしている。

中山太郎も折口信夫に近い考えをもっている。中山太郎は、『日本巫女史』のなかで、ヤボサ信仰は、かつては壱岐・対馬・日向・琉球にかけて広まっていたもので、その信仰の対象は墓地であって、墓地の土にやどっている祖先の霊魂を身に憑けるということが、信仰の起源であると述べている。そして、古代の巫女の憑き神は、祖先の霊魂であることから、壱岐の巫女は、墓地の土に祖先の霊魂がやどっているものとして、それを所持していたとする[52]。

鈴木棠三は、「ヤブサ考」のなかで、ヤブサがすべて古い墓地の跡であると断定することはできず、霊地としての条件が具わってさえいれば、墓地の跡でなければならぬということはないと指摘する。そして、墓地としての記憶が薄れた後に、下級宗教家の指導などに基づいて、これを神聖視するに至ったという事例を多く見聞するという[53]。

折口信夫も中山太郎も、ヤボサを葬地と考えているのであるが、なぜそこが小さな森や藪であるのかについては、明確な説明はない。

しかし、わたしが壱岐の芦辺町湯岳本村触《ゆたけほんむらふれ》の矢保佐社（現・神石神社）や、石田町筒城東触《つつきひがしふれ》の野保佐神社や、郷ノ浦町東触《ひがしふれ》の矢保佐社を踏査した経験では、ヤボサはやはり開拓の際に、神がやどるところとして拓き残した聖なる森が原型のように思われた。触《ふれ》とは今は村の意味であるが、かつては神の出現する地という意味もあったようである。

壱岐は、対馬と異なり、山島ではなく平地の島で、魏志倭人伝には「竹木・叢林《そうりん》多く、三千許《ばか》りの家有《あ》り。差《やや》田地有り、田を耕《たがや》すも猶《なお》食するに足《た》らず、亦南北に市糴す。」と、稲作水田はあるものの食糧としては十分なものではないと書かれているが、壱岐には原の辻遺跡のような灌漑水田を擁する大集落が築かれていて、弥生時代前期から移住開拓民による開拓が進んでいたと思われる。

50　岡谷公二『原始の神社を求めて―日本・琉球・済州島』２２４頁（平凡社、平成21年）頁
51　折口信夫「雪の島」『折口信夫全集⑶』１１５頁（中央公論社、昭和41年）
52　中山太郎『日本巫女史』１２０―１２２頁（図書刊行会、平成24年復刻版）
53　鈴木棠三「ヤブサ考」『対馬の神道』１９８頁（三一書房、昭和47年）

壱岐には、低い山が少しあるほかは丘が多く、それらの山や丘にある森の多くが、神がやどる場所とされていて、ヤボサはその一部である。ヤボサの森や藪は、はじめは森や土地を占有する神の領域として開拓から除かれて、そこがその後も森や藪として存続したものと推測される。このうち、芦辺町湯岳本村触の矢保佐社（現・神石神社）には、村落背後の標高１８０ｍ位の山の頂に小祠と磐座があり、巨木に囲まれていて、その一帯が聖なる森を形成している。ヤボサの古型と思われる。ヤボサは村社になっているところが多く、ヤボサの神はのちに村の神になり、そこに神社が建てられたのであろう。

また、折口信夫や中山太郎が指摘するように、ヤボサの聖なる森を葬地として、死者を葬ってその鎮魂と浄化を求めたことから、やがてヤボサは恐ろしい崇り地となるほか、ヤボサに祀られている神のなかには祖霊に変化していったものもいたと推測される。

（7）沖縄・奄美の御嶽について

「御嶽《うたき》」とは、沖縄諸島、宮古諸島、八重山諸島や奄美諸島にみられる聖域で、神の在住する場所あるいは神の降臨する場所であり、その祭祀を行うところである。御嶽について、沖縄諸島では、ウガン（拝み）、ムイ、ウタキ、グスク、宮古島では、スク（グスク）、八重山諸島では、ウガン、オン、ワン、ワー、奄美大島では、オボツヤマ、カミヤマ、オガミヤマなどと呼んでいる。御嶽は、クバ（蒲葵）やマツ、ガジュマルなどの神聖な樹木に覆われ、鬱蒼としている。そこで木を伐ることも、枯れ枝を拾うことも禁じられている。御嶽の最奥部は、イベ（イビ）と呼ばれる聖域で、社殿はなく、聖なる樹木や岩石などがある。

①沖縄の御嶽に祀る神

ⓐ柳田国男と御嶽

柳田国男が最初に御嶽をとりあげたのは、明治45年の「塚と森の話」で、沖縄には祭を行う「オガン」という場所が、村落ごとに一箇所または二箇所あって、その多くが「何等の建築物もなく、唯久しい間人の手を着けない草木が繁茂して、幾分土を小高く盛り上げてあるもので、場合に依っては我邦の石塚などと同じ様に、多くの石が一所に集積してある」[54]と指摘している。この「オガン」とは御嶽のことで、柳田国男は、御嶽は聖なる森の禁域で、御嶽で祀っている神を村の神と考えていたように思われる。

大正3年の『山島民譚集』でも、御嶽を神々の降臨するところとしてとりあげ、沖縄諸島においては、毎年時期を定めて神が降臨する場所を「ダケ」または「ヲガン」といって、そこは高山の頂か、または人間が踏み込まないような林地であると述べている。そして、「ヲガン」とは拝林であり、そこにおいて神を祀り拝するところであるとしている。奄美大島では、これを「ヲガミ山」または「ウボツ山」といって、神が祭の日にこの山から村落に降りてきて、またこの山に帰ると述べている[55]。

54 柳田・前掲注(13) 467—468頁
55 柳田国男『山島民譚集』『定本柳田国男集(27)』119頁（筑摩書房、昭和39年）

柳田国男が御嶽の例として、『山島民譚集』のなかで、なぜ高山の頂にある御嶽の「ダケ」と、人間が踏み込まないような林地である「ヲガン」をとりあげたのか、その理由はわからないが、最初は山岳信仰系の御嶽に関心をもっていたのかもしれない。

柳田国男は、大正10年1月から2月まで、沖縄旅行をしており、御嶽も実際に見ているので、その後に発表された御嶽についての意見は具体的になってきている。

大正14年の『海南小記』所収の「阿遅摩佐の島」では、沖縄県の諸島では、蒲葵をクバと称し、これを神木として霊境を取り囲み、みだりにこれを伐ることを禁じていること、そして、沖縄本島の御嶽の茂みも蒲葵の木で、現地の人はこれを神木として伐採を禁じていることを報告している[56]。

このように柳田国男は、御嶽を神がやどる樹木のある聖なる森と考えているのである。

また、御嶽の立地についても、必ずしも高山の頂ではなく、むしろ多くの場合には村落に接した僅かの丘または平地の林であって、隙間もなく草木が生い茂り、たいがいは前面の空地に石の香炉を置き、そこを拝所または祭場にしていると述べている[57]。柳田国男の御嶽への関心は、このような丘や平地の御嶽に移ってきている。

柳田国男は、御嶽の神についても言及している。御嶽に祀られている神は、もとは祖霊とは別の神で、それは祖霊のような人神とは異なり、最初から神であったものだという。人に憑いて年毎に此の世に出現するが、それは天空より降りてくる神で、その祭場が本来の御嶽（拝林）であると述べている。そして、山の神または海の神が御嶽に降りるという考え方が時代の経過とともに疎くなり、祖霊とそれらの神を区別しないようになって、人を葬った塚や石塔のあるところも御嶽と呼んでよいことになった結果、祖霊を祀る御嶽ができたのではないかと述べている[58]。

これらのことから、柳田国男は、御嶽にもとから祀られている神を祖霊ではなく、山の神または海の神というような来訪神と考えていて、祖霊はむしろあとから祀られたものと考えていたと思われる。

柳田国男は、神を祖霊に一元化して考えるようになっていくのであるが、このような御嶽の神の位置づけは、祖霊以前の神を柳田国男がどうとらえていたかを示している。

ⓑ御嶽の種類

わたしが沖縄の御嶽を踏査した経験からは、沖縄の御嶽には、山地や丘陵にあるものと、海岸近くの段丘にあるものとの二種類があり、そのどちらも森に囲まれている印象がある。前者には例えば、馬天御嶽や内金城御嶽などがあり、後者には例えば、藪薩御嶽やフボー御嶽などがある。前者の御嶽の神は、山の神と来訪神の祖神が複合したもので、後者の御嶽の神は、海洋性来訪神の祖神ではないかと推測している。これらの神は、いずれも、移住開拓民によって祀られたものと考えられる。

小島瓔禮は、御嶽信仰の本質を土地の鎮めの山岳信仰としてとらえていることから、山岳信仰の御嶽が本来の御嶽で、このほかに、身近なところから遠くにある本来の御嶽を拝むために（御通しとい

56 柳田国男『海南小記』『定本柳田国男集(1)』357―362頁（筑摩書房、昭和38年）
57 柳田・前掲注（56）364頁
58 柳田・前掲注（56）363頁

う）設けられた御嶽、そして、必ずしも山岳的ではない、村を守護する神社信仰的な御嶽の三種類に分類している[59]。わたしは、村を守護する神社信仰的な御嶽のほうが本来の御嶽で、山岳信仰の御嶽はそれから発展したものと考えている。

仲松弥秀は、御嶽に祀られている神を、祖霊神の系列とニライカナイ神の系列とに二分できるという[60]。仲松弥秀のいう祖霊神とは、村びと個々の家の祖霊ではなく、村びとの最初の祖先を含めた代々の祖先達が一つになった祖神のことで、村落の守護神である[61]。村落には必ず祖霊神を祀る御嶽がある。祖霊神は、村落内にいる在住神であって、遠方から来る来訪神ではないという[62]。

一方、ニライカナイ系の神は、幸福を携え、遠い海のかなたの原郷のニライカナイから村落に来訪する神である。村落によっては、この神を招請して祀った御嶽が設けられている。神はこのような御嶽に常駐、あるいは一時滞留されると考えられているという[63]。こうした御嶽は、各村落に必ずあるというものではないが、この御嶽が設けられていない村落であっても、かならずといってよいほど、ニライカナイに向かって拝する「御通《うとお》し」、すなわち、遥拝所が設けられている。つまり、沖縄の島々の村落では、村落の祖霊神とニライカナイの神の両方を尊崇信仰し、拝礼しない村落は見当たらないという[64]。

ⓒ祖霊神の御嶽

柳田国男は、御嶽を神がやどる樹木のある聖なる森と考えていること、御嶽に祀られている神を山の神または海の神であり、村の神であり、来訪神であると考えていたことは前述した。

仲松弥秀がいう祖霊神の御嶽は、村の神の御嶽である。その御嶽はむかしの村落の墓所が起源であるという[65]。そして、沖縄の古い村落は、泥湿の土地を避け、水を確保するために、山や丘の斜面に立地していて、祖霊神の御嶽は、その村落に接した背後の高所に位置していると指摘する[66]。村落と御嶽が離れている場合があるが、その場合は、もとは御嶽の下方に村落があったのが、何らかの理由によって村落の移動が行われたという[67]。

小島瓔禮は、『琉球学の視角』所収の「御嶽と山岳信仰」のなかで、沖縄の古い村落は、平地にあるものはきわめて少なく、山地をひとつのよりどころとしてつくられていて、その多くは丘の頂か山の中腹を選んで立地されていると述べている。そして、村落をつくるにあたっては、後背の山を村落

59 小島瓔禮「御嶽と山岳信仰」『琉球学の視角』102—103頁（柏書房、昭和58年）。
60 仲松弥秀『古層の村—沖縄民俗文化論』12—13頁（沖縄タイムス社、昭和52年）。これ以降はこの仲松弥秀の分類を使うことにする。
61 仲松・前掲注（60）
62 仲松弥秀「琉球弧の信仰」谷川健一編『海と列島文化6　琉球弧の世界』310頁（小学館、平成4年）
63 仲松弥秀「祖霊神信仰と「うたき」」中野幡能編『山岳宗教史研究叢書⒀　英彦山と九州の修験道』516頁（名著出版、昭和52年）
64 仲松・前掲注（62）313頁
65 仲松弥秀『神と村』19頁（梟社、平成2年）
66 仲松・前掲注（60）15—17頁
67 仲松・前掲注（63）520頁

の守護神とし、御嶽はその山と村落の接点になっているという。丘や山の中腹か頂上に御嶽があり、その下に、村落の開祖の宗家がならび、分家はさらにその下にならぶという構成になっているという[68]。

ところで、沖縄における古い農耕形態は、斜面での焼畑や常畑が主であったと考えられる。

このような耕地と村落の形成から、最初に山野を畑作農耕のために開拓したさいに、山のなかの一部の森を神のやどる森として残して、そこを御嶽と称して、村落の守護神を祀ったという経緯がうかがわれる。これは柳田国男が想定した、聖なる森の成立の経緯と同じである。御嶽と御嶽に祀られている神は、この山地の開拓と村落の形成のなかから生まれたと推測される。

御嶽に祀られている神は、神名をもたないが、これは日本の古い村落の中心の神の特徴でもある。柳田国男や原田敏明が指摘するように、村落の守護神（氏神鎮守神）の古型は、村人を守る全能の神であったから、特定の神名や機能分化した神名の必要はなかったのである[69]。

仲松弥秀も、『神と村』のなかで、御嶽の神が明瞭なる神名をもたない理由について、琉球弧の島々で単に「神」と言うときには祖霊神のことを指していて、神を「われわれの神」、御嶽を「われわれの、あるいは村の御嶽」とさえ言えばよいわけで、別に神名・嶽名をつける必要はなかったと指摘している[70]。

なお、仲松弥秀は、祖霊神を来訪する神ではなく、常在する神だとするが、柳田国男は、御嶽の神を山の神または海の神で、遠方から来訪する神だという。もし、御嶽の神が来訪神だとすると、それは移住開拓民が移住にともなって奉じてきた祖神ということになる。

わたしは、これらのことから、村の御嶽の神は、移住開拓民が来る以前からそこにやどっていた山の神と、移住開拓民の祖神とが習合した結果、生れたもので、それが移住開拓民の村の守護神になり、常在する神になったと推測している。ただし、一部には、来訪する祖神という伝承が強く残っているところもあるということではないだろうか。

ⓓニライカナイの神の御嶽

ニライカナイ系の神の御嶽は、浜辺か、海崖上か、陸地内では丘上の、はるかに海洋の見通しのきく場所に設けられている。村落の近くに小島がある場合には、その小島に設けられているものもあるという[71]。

このニライカナイの神の御嶽の成立について、仲松弥秀は、つぎのように述べている。

「御嶽に祖霊神が祀られるようになったのは、定住集団共同体社会において、いわば農耕に重点がおかれるようになった時代からと考えられる。このことから、祖霊信仰より以前に、ニライ・カナイに対する信仰が先行していたことは明らかである。」[72]

68 小島・前掲注(59) 102頁
69 柳田国男『月曜通信』『定本柳田国男集⒀』317頁(筑摩書房、昭和44年)、原田敏明『村の祭祀』13頁・72頁(中央公論社、昭和50年)
70 仲松・前掲注(65) 83頁
71 仲松・前掲注(60) 32頁
72 仲松・前掲注(65) 147頁

移住開拓民の祖神は、移住開拓民とともに来訪して、移住開拓民が農耕の開始により定着するにともない、その土地の神と習合して、村の守護神として祀られたのであるが、ニライカナイの神は、それより古い神で、村落へ季節を定めて訪れる来訪神にとどまったものと、仲松弥秀は考えているのであろう。

それは移住開拓民が、移住当初、海岸地帯で漁労を中心に生活していたころの信仰形態と思われる。

②奄美の神山に祀る神

柳田国男は『山島民譚集』のなかで、沖縄諸島では、毎年時期を定めて神が降臨する場所を「ダケ」または「ヲガン」と言っているが、奄美大島では、これを「ヲガミ山」または「ウボツ山」と呼んでいるという[73]。柳田国男は「ヲガミ山」や「ウボツ山」を、そこから神が降りてくる聖なる森がある山と考えていたのである。柳田国男が『石神問答』や『山島民譚集』で聖なる森をとりあげたときには、祖霊との関係に言及することはなく、聖なる森で祀られているのは、森や土地を占有している山の神であると考えていたと思われるので、この「ヲガミ山」や「ウボツ山」の神もまた、山の神のような森や土地を占有している神であると考えていたと思われる。

奄美諸島では、どの村落にも背後に、モリヤマ、オガミヤマ、オボツヤマ、テラヤマ、ゴンゲンヤマ、あるいは単にカミヤマなどと呼ばれる聖なる山（神山）が幾つかあって、それが聖地となっている。そのなかでも、モリヤマ、オガミヤマ、オボツヤマの三つが古い歴史をもつといわれている。

小野重朗は、「奄美諸島の神山」のなかで、このモリヤマ、オガミヤマ、オボツヤマの三つについて、つぎのように述べている[74]。

モリヤマは、奄美大島や徳之島の山から山麓にかけて相当多く分布していて、平地の森ではなく、山地の森であることが特徴で、第一次の聖なる森の信仰の原型を保っている。

オガミヤマは、山上を聖地としていて、本州の山岳信仰の流れを受けていて、モリヤマから発展したものである。沖縄本島北部の国頭地方の古い御嶽（オガン）や離島にみられる御嶽も（これらはともに平地ではなく山上にある御嶽である）、オガミヤマと同じく、本土の山岳信仰の流れを受けて成立したものである。

オボツヤマは、村落に近い山が古形であり、それがだんだんと遠く高い山へと発展していったものである。

このように、小野重朗は、村落に近い山にある森が、山の神の聖なる森の原型だと考えていたようである。

このモリヤマ、オガミヤマ、オボツヤマにやどる神について、柳田国男が『山島民譚集』のなかで、祭の日に山から村落に降りてきて、その後、山に帰っていくという伝承があることに言及していることは前述したが[75]、小野重朗は、『奄美民俗文化の研究』のなかで、この神について詳述している。

73　柳田・前掲注（55）１１９頁
74　小野重朗「奄美諸島の神山」谷川健一編『日本の神々　神社と聖地　13　南西諸島』86―１０３頁（白水社、昭和62年）
75　柳田・前掲注（55）１１９頁

小野重朗によれば、この山から村落に降りてくるのは、災厄をもたらす恐ろしい山の神であるとともに、村人を災厄から守ってくれる山の神で、これは山の神の両義的な姿を示していると指摘している。災厄をもたらす神は、山の神の古い姿で、山の神が村の守護神となる以前の姿を見せているという。小野重朗は、これを山の神文化の祖型と位置づけている。山地に侵入しはじめた人間にとって、山地は恐ろしい場所で、山の神は当初、侵入者に災厄を与える恐ろしいだけの神であったが、それがやがて山地での生活の守護神としての山の神となり、さらに、田の神として田に下って稲作を助ける山の神になったという[76]。

小野重朗は、奄美の神山に、聖なる森の山の神文化の原型を見出しているのである。

3　聖なる森の神の変化

柳田国男がとりあげた各地の聖なる森の神の実態を調べた結果、移住開拓民が、移住開拓の当初、開拓と農作業の加護を求めるために、開拓地周辺の山地の聖なる森に祀っていた山の神が、開拓の進展により、その性格を変化させていることがわかってきた。

ひとつは、移住開拓の前から信仰していた祖神と山の神を併せて祀るなかで、一部で二神の習合が進んでいることである。もうひとつは、山地から下りて、平野に田畑を拓くようになってきたことから、山の神に平野での開墾と農作業の加護を求めて、水田のなかや村の周辺の山麓に、第二の聖なる森を区画して、そこに勧請して祀るようになり、このことから、山の神の一部が祖神と習合しつつ村の神へと変貌していることである。そして、農作業が家を単位として行われるようになるにともない、その一部はそこから独立して祖霊として祀られるようになっていったのである。

76 小野重朗『奄美民俗文化の研究』117頁・438頁（法政大学出版局、昭和57年）

第4章 聖なる森の祖霊

1　祖霊のやどる山

柳田国男は、『故郷七十年』のなかで、「日本人の信仰は、祖先の霊、すなわち神は山に在しましたのである。」[1]と述べているが、祖霊信仰を構想するにあたり、死後に霊魂は山に昇っていき浄化され、山に鎮まるという伝承を重視して、そこは山の神の聖なる森があるところで、そこに祖霊がやどるとするのである。

そして、その前提として、かつては「亡骸を山に埋葬した風習」[2]があったという。柳田国男が『先祖の話』のなかで、「魂が身を去って高い峰へ行くといふ考へ方と、その山陰に柩を送って行く慣行との間には、多分関係が有ったらうと私は思ふのである。」[3]と述べていたのは、古くは山が葬地であり、そこにやどる山の神の霊力によって、山に葬られた死者の鎮魂と浄化が行われていたことを指しているのである。

1　柳田国男『故郷七十年』『定本柳田国男集別巻(3)』68頁（筑摩書房、昭和39年）
2　柳田・前掲注（1）61頁
3　柳田国男『先祖の話』『定本柳田国男集(10)』131頁（筑摩書房、昭和37年）

山は死者の葬地であるとともに、死者の霊の居処であり、死者の霊を祀る祭地でもあったのである。

柳田国男は、昭和15年の「霊出現の地」で、壱岐のタッチョや対馬のタッチョウモトなどの霊地に着目して、むかしは山や林の奥に霊地があって、そこへ行って、祖先の霊を迎え、祀る風習があったのではないかと述べて、各地の聖なる森は祖霊がやどるところとして考えられていたとしているが[4]、このタッチョやタッチョウモトと呼ばれているところは、祭地であるとともに、もとは葬地と考えられていたところである[5]。それゆえ、死体が葬られた聖なる森に、祖霊を迎えに行くのである。

このことについて、柳田国男は、昭和22年の『山宮考』では、里宮で氏神を祀る前に、山宮のところで祖霊を山から迎えて、それを奉じて里宮で氏神の祭祀を行うという祭祀形態を踏まえて、山を祖霊のやどるところと考えられていたとしている[6]。

また、昭和24年の「魂の行くへ」では、盆の精霊を山の嶺へ迎えに行くという風習があるが、これは先祖の魂が山の高いところに留まっていて、盆にはそこから子孫の家を訪れてくるという信仰が、彼方此方の山村に保存されていることによると述べている[7]。

このように神がやどる聖なる場所は、かつての葬地であったとする意見は、柳田国男にとどまるものではない。例えば、仲松弥秀は、沖縄の御嶽はむかしの村落の葬地が起源で、そこに葬られた代々の祖先が祖神としてそこに祀られているという[8]。谷川健一も、神がもとは祖霊であったとするならば、祖先が葬られた埋葬地の近くの祭地で、神や祖霊を祀ることはきわめて自然なことであると述べており、神社は古い墓地のあとにつくられたものであるとも指摘している[9]。

2　死体と霊魂の分離

柳田国男は、死後に霊魂は山に昇っていき、山にやどるという観念をもちつづけていた。例えば、『先祖の話』では、「高山の上に登るにつれて、段々と穢れや悲しみから超越して、清い和やかな神になって行かれる」[10]と述べ、また、「形骸の消えて痕無くなると共に、次第に麓の方から登り進んで、しまひには天と最も近い清浄の境に、安らかに集まって居られるものと我々は信じて居た。」[11]と述べている。

4　柳田国男「霊出現の地」『定本柳田国男集⒂』569―571頁（筑摩書房、昭和44年）
5　タッチョやタッチョツモトの語源は塔頭とする説があり、対馬の内院のタッチョウと呼ばれる聖地の森には磐座と石祠があって、天道法師の母公の墓という言い伝えがあるが、それはその基底にそこが聖なる森であるとともに葬地であったという伝承が存在していたからだと思われる。
6　柳田国男『山宮考』『定本柳田国男集⑾』316―318頁・337―343頁（筑摩書房、昭和38年）
7　柳田国男「魂の行くへ」『定本柳田国男集⒂』553―554頁（筑摩書房、昭和44年）
8　仲松弥秀「祖霊神信仰と「うたき」」中野幡能編『山岳宗教史研究叢書⒀　英彦山と九州の修験道』516頁（名著出版、昭和52年）
9　谷川健一『民俗の神』140―141頁（淡交社、昭和50年）
10　柳田・前掲注（3）124頁
11　柳田・前掲注（3）131頁

なぜ山でなければならないのか。

それは山野を開拓したときに、移住開拓民が祀ったのが山の神であり、移住開拓民の祖先は山に葬られ、山の神によって鎮魂と浄化がなされたからである。そして、死者はそこから子孫の成長を見守り、その農作を守護しようとしたからである。

このことについて、柳田国男は、「魂の行くへ」のなかで「死んでも死んでも同じ国土を離れず、しかも故郷の山の高みから、永く子孫の生業を見守り、その繁栄と勤勉とを顧念して居る」[12]と述べるほか、「世々の父母」では、「我々の持っておりまする魂の行方というものは、大体にこの山の上と考えておったのであります。……昔は近いところの周囲に見える高山の頂上に昇って行くものと思っていたのであります。」[13]と述べ、祖霊は村落近くの山にとどまり、子孫の生活と生業を守っているとする伝承を紹介している。

そして、祖霊は山から降りてきて、祖霊を祀る子孫のもとを訪れるのである。祖霊がやすらうのは、最初は、山間に築かれた村落の近くの山にある聖なる森である。その森は第一次の聖なる森である。その後、村落と耕地が平野に移動するにともない、山麓か平野のなかの第二次の聖なる森の一部も祖霊のやどるところとなり祭地になっていく。やがて、死体を葬る場所も山麓か平野のなかの「家の傍の礼拝所」や「屋敷に接した控へ地の片隅など」に移されていくのである[14]。

また、村落と耕地が平野に移動して、さらに山地から遠く離れていくと、遠方の高山・霊山や天空も祖霊の居処になっていく。

このことについて、柳田国男は、『先祖の話』では、前述したように、「天と最も近い清浄の境に、安らかに集まって居られるものと我々は信じて居た。」と述べるほか、『物語と語り物』では、「日本人の死んでから行く先の、高く秀でた山の頂であったことが、月山鳥海を始めとし、多くの名山の信仰の起源では無いか」[15]と述べて、空高くそびえる高山大岳が祖霊の休まるところとする伝承を紹介している。

これが柳田国男の祖霊信仰の構想であり、その祖霊の居処が、山の神の聖なる森と重なるのである。

3　祖霊信仰と森神信仰

『石神問答』や『山島民譚集』や「塚と森の話」などで聖なる森の信仰をとりあげたときに、柳田国男が祖霊信仰のことをどこまで考えていたかは明らかではない。聖なる森について言及しながら、祖霊のことは全く触れられていないのである。

徳丸亜木の「「森神信仰」研究史と文化複合論」によれば、柳田国男の構想した祖霊信仰は、当初

12　柳田・前掲注（7）561頁
13　柳田国男「世々の父母」民俗学研究所紀要第11集2頁（成城大学民俗学研究所、昭和62年）
14　柳田国男『明治大正史世相篇』『定本柳田国男集(24)』310—311頁（筑摩書房、昭和45年）
15　柳田国男『物語と語り物』『定本柳田国男集(7)』102—103頁（筑摩書房、昭和37年）

は聖なる森の信仰である森神信仰と結びついてはおらず、柳田国男の祖霊信仰論の展開期にあたる昭和20年代に、森神信仰は柳田国男の祖霊信仰のなかに包摂されることになったと指摘している[16]。

わたしは、祖霊信仰と聖なる森の信仰が結びついたのは、皮肉にも、柳田国男が祖霊を山の神と同一視して、或いは、山の神を祖霊に吸収することで、聖なる森の信仰から、山の神の存在を消し去ったときからであると考えている。そのとき、聖なる森の信仰は、祖霊信仰に収斂されたのである。聖なる森にやどるのは、祖霊になったのである。聖なる森は、山の神がやどるところ＝山の神を祀るところから、祖霊のやどるところ＝祖霊を祀るところへと、変更されたのである。

それは、昭和21年の『先祖の話』や昭和22年の『山宮考』で、祖霊が氏神であり歳の神でもあるとされ、また、田の神であり山の神でもあるといったような祖霊一元論を展開したときであったと考えられる。

例えば、『先祖の話』では、「御田の神、又は農神《のうがみ》とも作の神とも呼ばれて居る家毎の神が、或は正月の年の神と共に、祭る人々の先祖の霊であった」[17]と述べている。また、『山宮考』では、山の神は田の神であり、「是が祖神であり氏の神であり、先祖が子孫の田業を庇護したまふものと信じて居た」[18]としているのである。

このとき山の神は、祖神とともに、祖霊に吸収されたのである。

4　山の神の祖霊への転換

それでは何故、柳田国男は、重要視していた山の神を消し去って、祖霊のなかに溶け込ませたのか。それは、山の稲作民でもなく、平野の稲作民でもない存在、天津神の民でもなく、国津神の民でもない存在、そのような存在として「日本人」の形成を考えたからである。そのような「日本人」に適合する神への信仰が必要だったからである。

このとき、山の稲作民の祖神や山の神でもない存在、統治種族の天津神や国津神でもない存在、それらをすべて吸収して一元化する神として、柳田国男は「祖霊」を考えたのである。それは村落の人びとの間に広がっていた祖霊信仰をもとにつくりあげたものである。それは家々の個々の祖霊ではなく、個々の祖霊より大きな存在として、登場した。それは代々の祖先がひとつに溶け込んで、大きな「祖霊」を形成する。それは個々の祖霊というものではなく、代々の祖霊が融合して、ひとつの大きな祖霊を形成して、各家の祖霊となるというものであった。

16　徳丸亜木「「森神信仰」研究史と文化複合論」比較民俗研究６号66頁（筑波大学比較民俗研究会、平成４年）
17　柳田・前掲注（３）54頁
18　柳田・前掲注（６）347頁

柳田国男は、このことを『先祖の話』のなかで、「人は亡くなって或る年限を過ぎると、それから後は御先祖さま、又はみたま様といふ一つの尊い霊体に、融け込んでしまふものとして居たやうである。」[19]と述べている。しかし、この融合単一化した祖霊は、わたしたちが親しみ祀っている個別具体的な祖霊とは異なるものである。柳田国男は、村落の人びとの間に広がっていた祖霊信仰をもとに、融合単一化した祖霊というものをつくりあげたのであるが、それはわたしたちが祀っている祖霊とは異なり、柳田国男が観念的につくりあげたものと考えざるをえない。

19　柳田・前掲注（3）45頁

第5章
『海上の道』の移住開拓史

1　家族単位の移住開拓

第1章で、柳田国男が構想した移住開拓史には、つぎのような揺らぎがあるのではないかと指摘をした。

柳田国男の想定した移住開拓民は山地の稲作民であり、南方から移住してきた家族単位の集団で、山間に小規模な水田しか拓くことができなかったところ、海岸近くの平野では、高度な灌漑の技術をもつ移住開拓民が、朝鮮や中国から遅れて来訪して、強力な組織力をもって大規模な開拓を進めて灌漑水田を拓いていた。山地の開拓が進んで、山地の稲作民が平野に下りてきて、灌漑水田を拓くときに、先に平野に灌漑水田を拓いていた移住開拓民と混淆することになったと想定されるが、それでも山地の稲作民は、稲作文化の中心的存在でありつづけることができるのか。

柳田国男は、この揺らぎを打ち消して、山の稲作文化の源流を確認するために、晩年、『海上の道』を執筆するほか、『稲の日本史』の企画に加わり、再度、移住開拓史にとりくんだのである。

柳田国男は、山地の移住開拓民が拓いたのは、山間の狭い水田であることを認めていた。また、その食糧を米でまかなうほどの収穫はなく、主たる食糧は焼畑か常畑で収穫した雑穀であることも認めていた。

しかし、柳田国男は、この移住開拓民のあとから、高度な灌漑の技術をもち、かなりの組織力をもった別の移住開拓民が朝鮮または中国大陸から来訪してきたことを認めてはいたが、その移住開拓民が、稲作文化の中心的存在になったとは考えてはいなかった。

高度な組織的な灌漑技術はないが、或る程度の稲作技術と経験のある家族単位の集団が移住してきて、山地で零細な水田稲作を開始したことに、柳田国男は日本の稲作の起源を見ようとしたのである。そして、それがやがて日本の稲作文化の中心的存在になると考えたのである。

移住開拓民は、何波にもわたって、日本に来訪しており、それが混淆して「日本人」の源流を形成した。柳田国男もそういうように理解していたようである。「山人考」のなかでも、つぎのように述べている。

「現在の我々日本国民が、数多くの種族の混成だと云ふことは、実はまだ完全に立証せられたわけでも無いようでありますが、私の研究はそれを既に動かぬ通説となったものとして、乃ち此を発足点と致します。」[1]

同じように、稲作をもたらした移住開拓民も、何波にもわたって、日本に来訪していたと考えられる。稲の渡来の経路については、現在、つぎのような説があるが[2]、前述したように、これは稲の渡来の経路だけでなく、稲作技術をもった移住開拓民の来訪の経路としても考えるべきものであろう。

①華北から朝鮮半島を南下して伝来したとする北回りルート。

②ⓐ華中から朝鮮半島を経由して伝来したとする間接ルートで、山東半島から朝鮮半島西岸を経由

したとする考え。

ⓑ長江下流域から黄海を越え朝鮮半島南部を経由したとする考え。

③長江下流域からの直接渡来説。

④華南地方から南島経由で伝来したとする海上の道ルート。

これに対して、渡辺忠世は、日本はアジア稲作圏の後進国で、稲が伝来したとされる縄文時代晩期から弥生時代という時期において、すでに稲作の経験を積みかさねていた民族がアジア各地に存在していたのであるから、「わが国をとりまく周縁の大部分の地域から、可能性としては日本へ稲を伝えうる状況が成立していたとみなければならない。アジアの稲作圏にほとんど最後に仲間入りした日本列島に、唯一の経路によって稲が伝わったとすることはむしろ不自然であり、……経路のどれを主張するにしろ、それが数あるうちの代表的な渡来経路にすぎなかったとする基本認識が必要であろう。」[3]と指摘している。

渡部忠世が指摘するように、日本への稲作の伝来が何波にわたっていることから推して、日本の稲

1　柳田国男「山人考」『定本柳田国男集⑷』172頁（筑摩書房、昭和38年）
2　寺沢薫「稲作技術と弥生の農業」森浩一編『日本の古代4　縄文・弥生の生活』301頁（中央公論社、昭和61年）
3　渡部忠世「アジアの視野からみた日本稲作」『稲のアジア史⑶　アジアのなかの日本稲作文化』29頁（小学館、昭和62年）

作文化はそれらが複合化して形成されたものであると思えるが、柳田国男はそのようには考えていなかったようである。柳田国男は、日本への稲作の伝来が何波にわたっていることを認めつつも、南方から来訪して山間に水田を拓いた移住開拓民が日本の稲作文化の中心的存在になると考えていたのである。

『稲の日本史』に収録されている座談会のなかで、盛永俊太郎は柳田国男に対して、「柳田先生からいろいろ教えていただきまして、米が北九州の方へ初めて来たろうという考え方、それも結構、しかしそれは南島への伝来を否定するものではないから沖縄の方へも伝来したということもありうるだろう。米の伝来としてはむしろ両方があったとしてそのどちらが弥生文化の発展に大きくつながったのか、あるいは両方なのか、一方が主役をすれば一方がどんな脇役をしたのか。また年代的に少しくらい遅く伝来したものでもかえって主役をすることがあっても不思議でないという考え方を検討してゆけばどういうところへ行くだろうか」[4]と述べていることから、柳田国男も海上の道以外に、北九州への渡来の道も認めていたことがうかがわれるが、そのあと、盛永俊太郎が柳田国男に対して、沖縄に伝わった稲作が弥生文化として大きく発展したものであったかどうか疑問であると問題提起をしても、これに対して、柳田国男は応答をしていない。南方から来訪して山間に水田を拓いた移住開拓民が日本の稲作文化の中心的存在になると確信していたことから、盛永俊太郎の問題提起には応じなかったのであろう。

　柳田国男が重要視したのは、その移住開拓民が、神饌である米を確保するために、稲作の適地を求めて、移住と開拓を志向していたことであった。柳田国男は、「田社考大要」のなかで、このような移住開拓を「信仰的開墾」及び「宗教的移民」と呼んでいる[5]。それゆえ、日本人の稲作文化を形成して主導したのは、山間に水田を拓いた移住開拓民だとするのである。

ただし、柳田国男は、日本への移住開拓のきっかけとなったのは漂着で、計画して来たものではないと、『稲の日本史』のなかで述べている[6]。『海上の道』のなかでも、同じ趣旨のことを書いている。古代中国では、南海でとれる宝貝《たからがい》が金銀宝石に等しい貴重品であったので、殷王朝のころ、それを求めて大陸から南方の諸島のあたりに来ていた中国の民が漂着して、日本の宮古島を発見した。そこで宝貝を採取するために、再び家族をつれ、物種器什を船に積んで、宮古島へ移住することにした。この移住民が稲作技術と種実をもっていて、日本人の始祖となる。なぜ稲の種実をもってきたかというと、米は「信仰的用途」があるからであった。稲は「最初からの大切な携帯品」であった。「人が大陸から稲の種を携へて、この列島に渡って来た」が、それは米に「信仰的用途」があるためで、米の「信仰的用途」というものは「四隣の幾つかの稲作国と共通のもの」であると述べている[7]。

その後、南島で宝貝の採取の傍らで、稲作が行われたはずであるが、それは必ずしも豊かな収穫をもたらすものではなかったと、柳田国男は認識していた。柳田国男は『海上の道』のなかで、南島には稲をつくる適地が欠乏しているとして、つぎのようにその実情を述べている。

4 柳田国男他『稲の日本史（下）』85頁（筑摩書房、昭和44年）
5 柳田国男「田社考大要」『定本柳田国男集⑾』532頁（筑摩書房、昭和38年）
6 柳田国男他『稲の日本史（上）』62―63頁（筑摩書房、昭和44年）
7 柳田国男『海上の道』『定本柳田国男集⑴』30―31頁（筑摩書房、昭和38年）

「珊瑚礁の隆起で出来たやうな平島では、稲を生育せしめるやうな浅水の地はさう多くは無かった。南方の諸島では、通例小さな水面をコモリと呼んで居る。……南島のコモリには入江の奥などにあって、海の水の通ふものも多いが、是も少しの土功を加へて外側を断ち切り、降雨を待って水を入替へて、小規模なる浦田湊田を設けることは、こちらでも例の多いことである。但し斯ういふのは多くは灌漑の設備が無く、従って旱の年には却って先づ苦しまなければならぬので、寧ろ低湿な沼地を選び、よそでは旱魃で困るやうな年を、待って居るやうな傾きが生じた。ところが南方の暖地帯では、降雨が殆と唯一の灌漑法であって、たまたま雨量の乏しい年に遭ふと苦労をし、百万を講じて蒸発と吸収を防止する。」8

このように沖縄諸島をはじめとする南島の多くは、隆起サンゴ礁の段丘でできており、その石灰岩上では降水は地表流としてよりも、地下水として排水されるため、保水力はよくない。高い山が少ないので豊かな水量のある河川はなく、このため灌漑施設をつくるのは不可能である。

なお、日本の代表的な稲作水田は、四周が山で囲まれた水田で、それらの山から安定した水の供給をうけることができ、それらの水は密に張りめぐらされた灌漑水路で隅々まで行き渡るように配慮されているというものである。

南島の稲作には、そもそもこのような水利社会のイメージはなく、豊かな稲作社会とはほど遠いのであるが、それも柳田国男は把握していたはずである。

『海上の道』によると、やがて、宝貝の需要がなくなり、定着しはじめると、南の島では稲を作る適地が不足してきたことから、稲作の適地を求めて、他の島への移住を開始することになったという。

そして、「珊瑚礁の隆起で出来たやうな平島では、稲を生育せしめるやうな浅水の地はさう多くは無かった。」ことから、天水しか利用できない中間の小島はさしおいて、水豊かな稲作の適地を求めて、沖縄東部の海上を北上したのだと言う[9]。

『稲の日本史』のなかでの柳田国男の発言によると、その後の経過について、稲作の適地を求めて、船に乗ってうろうろしていた時代があって、八重山諸島、沖縄、奄美大島、九州の海岸を経て、日本海沿岸に移住したとする[10]。

そして、稲作の最初の栽培地は、海岸地帯であり、そこの入江の砂地や泥地が稲作に適していたことから、北九州から日本海沿岸にかけて、水田が拓かれていったと主張する[11]。

『海上の道』のなかでは、「国の大昔の歴史と関係する古い幾つかの宮社が、何れも海の滸《ほと》りに近く立って居るといふこと」[12]は、日本民族が海を渡ってきた民族だからであると述べており、南方から移住してきた稲作民は、当初、海岸地帯に沿って水田を拓き、そこに神社をつくり祖神を祀ったと指摘している。

このように、柳田国男は、海岸地帯の平野に最初に水田を拓いたのは、南方からの移住開拓民であ

8　柳田・前掲注（7）31—32頁
9　柳田・前掲注（7）31頁
10　柳田他・前掲注（4）324頁
11　柳田他・前掲注（4）324頁
12　柳田・前掲注（7）10頁

ると考えていたのである。

筑前や佐賀にある古代遺跡は、朝鮮や中国からの移住開拓民が築いたものだという説に対して、柳田国男は、南方から稲を携えて移住してきた開拓民が最初に築いたものだと反論しているが[13]、これは日本に稲作をもたらしたものは、南方からの移住開拓民が先だと考えているからであった。朝鮮や中国からの移住開拓民は、組織的な移住であったが、南方からの移住開拓民より遅れて日本に到着して、それから海岸の平野に水田を拓いたと考えているのである。

その後、南方からの移住開拓民は、さらに稲作の適地を求めて、海岸地帯から山地のほうに移住して開拓を進めたと、柳田国男は考えており、「山民の生活」のなかで、その経過について、つぎのように述べている。

「村としては先づ水の害を出来るだけ避けて水の利益を出来るだけ多く得らるる所を選ばねばなりませぬ。海に面し川口に面して開けた平野を控へて居る丘陵の中腹は申分なく此条件に合して居りますが、日本にはそんな誂向な地が少ない。據なく川上へ川上へと村の適地を捜索して行き、終に深山に田代を見出しました。」[14]

そして、この山地に移り住んだ稲作民が、やがて、日本の稲作文化の中心的な存在になると考えているのである。

2　組織的な移住開拓

古代の移住開拓民の渡来について、現在では、古代の江南に生活していたさまざまな民族が、漢民族が江南に侵入してきたことで追われることになり、その一部が難民化して、前5〜前4世紀に、日本に移住してきたとの説[15]が有力で、『稲の日本史』のなかでも、安藤広太郎がその説を展開していたが、柳田国男はこれを否定して、海を越えて別の島に渡るには、宝貝の魅力や大きな宗教心が必要だと反論している[16]。

この『海上の道』や『稲の日本史』のなかで提唱した宝貝移住誘因説は、柳田国男がそれ以前からもっていた考えなのかはわからないが、前述したように、従来から、神饌のための稲作適地を捜して移住したと述べていて、宝貝の移住誘因説に言及したことはないことから、晩年になって抱いた考え

13　柳田他・前掲注（4）84頁
14　柳田国男「山民の生活」『定本柳田国男集(4)』５０１頁（筑摩書房、昭和38年）
15　池橋宏『稲作渡来民』（講談社、平成20年）、伊藤清司「呉越文化の流れ」大林太良編『日本の古代　３　海をこえての交流』(中央公論社、昭和61年)。これに対して、藤尾慎一郎は、難民渡来説に反対して、前10世紀に、朝鮮半島で起こった社会の発展にともなって発生した社会矛盾を解消するために、朝鮮民族が新たな土地を求めて組織的に移住してきたと主張している（『〈新〉弥生時代』52—53頁（講談社、平成23年））。
16　柳田他・前掲注（4）３２１頁

であるように思われる。

宝貝を採取するさいに漂流して、日本の南の島を発見して、やがてそこへ移住したとする説は、家族単位の移住を前提としているが、中国大陸での混乱から逃れるための日本への移住は、大きな集団によって組織的・計画的になされたものと考えることも可能であろう。東アジアの交易ネットワークは、日本列島も南島も組み込んでいたので、中国から追われた民は、この東アジアの交易ネットワークによって日本列島や南島の知識を得ており、その航路を利用して、日本に組織的・計画的に移住した可能性が高いと考えられる。

野村伸一や高谷好一などは、東シナ海を中心とした広域交易流通圏が古代から存在していることをかねてから指摘している。論者によってその範囲は異なるが、野村伸一は、『東シナ海文化圏　東の〈地中海〉の民俗世界』において、東シナ海を中心に、黄海（西海、韓国）から台湾海峡あたりまでを含む交易流通圏を、「東方地中海地域」と名づけている[17]。高谷好一は、それより更に広い範囲の交易流通圏が古代から成立していたと考えており、『多文明世界の構図』のなかで、東シナ海を中心に、日本海、南シナ海にまたがる範囲を、「東アジア海域世界」と名づけている[18]。

中国の交易航海民は、この広域交易流通圏の航路を利用して交易をしていたと考えられるので、中国からの難民もこの広域交易流通圏の航路を利用して日本に組織的に移住した可能性が高い。

3　稲の南方からの伝来

柳田国男は、『海上の道』で、日本の基層文化の形成を、神に供える米を確保するため、稲作の適地を求めて、南方から南島を北上した稲作の民に求めたことは、よく知られている。これに対して、現在では、渡部忠世や佐々木高明など少数の学者を除いて、南島に稲作が伝わったのはそれほど古くはないこと、稲作はむしろ北方の九州に伝わって、そこから南島に伝わったものであるとする反対意見が主流を占めている。

これに対して、渡部忠世や佐々木高明は、灌漑水田による稲作の伝来のみを前提とするのではなく、焼畑水田や原初的天水田での稲作や、畑作による陸稲の伝来を射程に入れれば、それらの稲作が大陸から沖縄や奄美などの南方の諸地域を経由して、本土に伝わった可能性があると指摘している[19]。その根拠として、日本への稲作伝来の源流と考えられている江南の稲作について、渡部忠世は、シンポジウム『稲作文化』や『中国江南の稲作文化』のなかで、灌漑や排水の施設がある立派な水田稲作か

17　野村伸一『東シナ海文化圏　東の〈地中海〉の民俗世界』5頁（講談社、平成24年）
18　高谷好一『多文明世界の構図』129―133頁（中央公論社、平成9年）
19　渡部・前掲注（3）35頁、佐々木高明『日本の歴史①日本史誕生』304頁（集英社、平成3年）

ら、焼畑水田などによる粗放な稲作まで、地形に応じた様々な水稲耕作があり、そのようないろいろな稲作のやり方が日本に伝来して、日本でもその地形に応じて様々な水田稲作が混在して並立していたと考えられると発言している[20]。

このような渡部忠世の発言を踏まえれば、柳田国男が着目していた山間の水田での稲作も、江南から伝来した稲作のうちのひとつと考えることが出来るであろう。ただし、それは日本に伝来したさまざまな稲作のひとつであって、それのみがやがて日本の稲作文化の中心になるということではないように思う。

しかし、柳田国男は、山間の稲作が沖縄や奄美などの南方の諸地域を経由して本土に伝わり、それが日本の稲作文化の中心となったという考えを変更することはなかった。

これまで述べてきたように、柳田国男の稲作の南方渡来説は、家族単位の移住により、山地を開拓することを土台にして提唱されている。この線は晩年の『海上の道』でも譲ることはなかった。このような山地での小規模な水田稲作は、近世・近代の小農の独立に関する柳田国男の問題意識につながるもののように思える。柳田国男が考える稲作文化の中心は、そのような小農による稲作経営を念頭に置いているから[21]、組織的・計画的な移住や、大規模な灌漑稲作を日本の稲作文化の中心に置くことはしなかったのである。

わたしは、山地での焼畑と山間の小規模な水田稲作を組みあわせた農作文化が、高度な灌漑技術による組織的な水田稲作とは別に、江南から日本への移住開拓民によってもたらされたと考えている。それは必ずしも柳田国男が考えた「海上の道」によるだけでなく、中国大陸から直接日本にもたらされ、日本各地の山地で広まった可能性がある。そして、海岸平野に拓かれた大規模灌漑水田は、やがて日本の稲作文化を形成して、古代国家の経済的基盤になったのであるが、それとは別に、山地で広まった小規模な稲作はもうひとつの日本の稲作文化を形成したと考えているのである。

20　上山春平・渡部忠世編『稲作文化』１９７頁（中央公論社、昭和60年）、『中国江南の稲作文化』２７１頁（日本放送出版協会、昭和59年）

21　吉本隆明は、柳田国男が目指した農村の理想像は「小土地所有の自作農が、平等に自立してならび立つ」ものであったと指摘している（『柳田国男論集成』１６０頁（ＪＩＣＣ出版局、平成２年））。

最終章

柳田国男は、祖神への神饌の米を確保するために、水田の適地を求めて、古代に日本を訪れた移住開拓民に、日本人の起源を見ていた。

柳田国男の認識では、この移住開拓民の原郷は山地であり、山の稲作民であった。そこで、日本に移住して水田を拓いたのも、山間の谷あいのところであった。そして、山間の水田を見おろす山にやどる神に、水田を拓くことの許可と保護を求め、山のなかの聖なる森で山の神を祀ったというのが、柳田国男が考えた山の神信仰のはじまりであった。

柳田国男は、移住前からの祖神信仰とこの山の神信仰が、山の稲作文化の中心と考えていた。

しかし、柳田国男は、別の移住開拓民が、大陸から移住してきて、高度の灌漑技術と組織力によって、平野に大規模な灌漑水田を拓いていたことも視野に入れていた。山の稲作民が家族単位の小集団によって開拓を進めていたのに対して、平野の稲作民は組織された集団と進んだ灌漑技術を生かして、広大な土地を開拓していた。この別の移住開拓民がやがて、「統治民族と名づけられる中心種族」[1]となり、米に関する文化を発達させたことは、柳田国男も認識していたと思われる。柳田国男が山の稲作文化を語るとき、つねに意識していたのは、この平野の稲作民であり、その統治民族であった。

1 『民俗学について 第二柳田国男対談集』10頁（筑摩書房、昭和40年）

柳田国男が『故郷七十年』のなかで、「われわれ日本民族の古代生活を考へるとき、山の生活を除いては考へられないことをぜひ知っておかねばならぬ。古代は、海と山とがもっと接近してをり、山から流下堆積した土砂によって平野が形成され、そこの都邑から政治の歴史が始ったのはそれ以後なのであるから、平原だけで作られた歴史をのみ歴史として見ることの誤りに気づかねばならないのである。」[2]と述べたのは、山の稲作文化の歴史の再認識を求めたためであった。

柳田国男が各地に存在する多種多様な謎の神とそれがやどる聖なる森について調査をはじめたのは、この山の稲作文化の内容を明らかにするのが目的であった。柳田国男は、各地に存在する謎の神を通して、移住開拓民が山地から平野に下りてきて、山の神の信仰を分散拡大させるのを見いだしていった。それは山の稲作文化が平野に拡大する歴史を辿ることであった。

そして、山の稲作民が平野の稲作民と混淆していくなかで、「日本人」の源流が形成されると想定し、その信仰として、平野の統治民族の天津神や国津神でもなく、山の稲作民の祖神と山の神でもない、それらを統合した「村の神」と「祖霊」の信仰が生みだされたと考えていこうとしたのである。

柳田国男が考えた移住開拓史は、このような「日本人」の形成史でもあったのである。

2　柳田国男『故郷七十年』『定本柳田国男集別巻(3)』68―69頁（筑摩書房、昭和39年）

あとがき

若いころには文芸評論を書いていたのですが、その後、民俗学の研究に転じ、長年を経過したので、同じようなテーマについて研究されている方々や関心をもたれている方々に情報を提供するため、郁朋社の佐藤聡さんにお願いして、研究の成果の一部をまとめて本にしていただきました。これまでの佐藤さんのご協力とご助言と励ましに心から感謝しております。ありがとうございました。また、宮田麻希さんには、著者の考えをくんで、奇麗な装丁をしていただいたことに、お礼を申し上げたい。

最後に、民俗学者の谷川健一さん、編集者の井出彰さんと田村雅之さんには、かつて、若年のわたしに著述の道を開いていただいたことに改めて思いを致し、謝意を表したい。

【著者紹介】

新部　正樹（にべ　まさき）

昭和24年東京都生まれ
昭和48年早稲田大学第一文学部卒業
昭和47年「ペルソナと自然」（江藤淳論）で日本読書新聞評論新人賞受賞
現在、民俗芸能学会会員、柳田国男記念伊那民俗学研究所会員

専攻―民俗学
著書―『小林秀雄―異質なるもの』（国文社）
共著―『中原中也必携』（学燈社）
　　　『一冊の講座　小林秀雄』（有精堂）

聖《せい》なる森《もり》の伝説《でんせつ》　――柳田国男《やなぎたくにお》の移住開拓史《いじゅうかいたくし》――

2023年8月4日　第1刷発行

著　者 ― 新部《にべ》　正樹《まさき》

発行者 ― 佐藤　聡

発行所 ― 株式会社 郁朋社《いくほうしゃ》

〒101-0061　東京都千代田区神田三崎町2-20-4
電　話　03（3234）8923（代表）
ＦＡＸ　03（3234）3948
振　替　00160-5-100328

印刷･製本 ― 日本ハイコム株式会社

落丁、乱丁本はお取り替え致します。

郁朋社ホームページアドレス　http://www.ikuhousha.com
この本に関するご意見・ご感想をメールでお寄せいただく際は、
comment@ikuhousha.com　までお願い致します。

©2023 MASAKI NIBE Printed in Japan ISBN978-4-87302-791-3 C0039